복 있는 사람

오직 여호와의 율법을 즐거워하여 그 율법을 주야로 묵상하는 자로다.
저는 시냇가에 심은 나무가 시절을 좇아 과실을 맺으며 그 잎사귀가
마르지 아니함 같으니 그 행사가 다 형통하리로다.   (시편 1:2-3).

서약을 지킨 사랑

Robertson McQuilkin

A Promise Kept

서약을 지킨 사랑

로버트슨 맥퀼킨 지음 | 양혜원 옮김

복 있는 사람

서약을 지킨 사랑

2011년 6월 3일 초판 1쇄 인쇄
2011년 6월 10일 초판 1쇄 발행
지은이 로버트슨 맥퀼킨
옮긴이 양혜원
펴낸이 박종현
도서출판 복 있는 사람
서울특별시 종로구 안국동 163 걸스카웃빌딩 801호
Tel 723-7183 | Fax 723-7184
blesspjh@hanmail.net
영업 마케팅 723-7734
등록 1998년 1월 19일 제1-2280호

ISBN 978-89-6360-041-3

A Promise Kept
by Robertson McQuilkin

Copyright ⓒ 1998, 2006 by Robertson McQuilkin
Originally published in English under the title *A Promise Kept*
Published by Tyndale House Publishers, Inc.
351 Executive Drive, Carol Stream, IL 60188, U.S.A.
All rights reserved.
Translated and used by the permission of Tyndale House Publishers, Inc.
Korean Copyright ⓒ 2011 by The Blessed People Publishing Co., Seoul, Korea.

이 책의 한국어판 저작권은 Tyndale House Publishers, Inc.와 독점 계약한 도서출판 복 있는 사람이 소유합니다. 저작권법에 의하여 한국 내에서 보호를 받는 저작물이므로 무단전재와 복제를 금합니다.

뮤리엘이 나만큼이나 사랑했던, 우리 사랑의 열매

마르디, 밥, 데이비드, 잰, 에이미, 그리고 켄트에게

이 책을 바칩니다.

차례

감사의 말　11

아플 때나 건강할 때나　15
사랑하고 아끼며　31
기쁠 때나 슬플 때나　43
이날 이후로　57
부유할 때나 가난할 때나　71
죽음이 우리를 갈라놓을 때까지　85

후기　103
옮긴이의 글　115

A Promise Kept

감사의 말

이 책을 결코 쓰지 말았어야 할 이유들은 많다.

나는 천성이 내성적이라서, 친구들의 꾸준한 요청과 은근한 압력이 없었다면 아내 뮤리엘과 나의 이야기를 이렇게 글로 써서 알리기 힘들었을 것이다. 내가 이 글을 쓰게 된 또 한 가지 동기는, 처음으로 이 이야기를 '서약 지키기'(Living by Vows)라는 제목으로 1990년 10월 8일자 「크리스채너티 투데이」(*Christianity Today*)에 기고한 이후의 반응을 보면서, 하나님이 자신의 백성을 돕는 데에 이 이야기를 사용하실 수도 있겠다는 확신이 들었기 때문이다. 그래서 마지못해 이 이야기를 다시 쓴다.

그러나 독자들의 반응은 내게 또 다른 의문을 불러일으킨다. 왜 사람들은 내 경험을 특별하다고 여기는 것일까?

이 세상에는 나처럼 사는 사람들이 많다. 그런데 그들의 이야기가 아니라 내 이야기를 반복해서 들려준다는 사실에 나는 약간의 죄책감을 느낀다. 게다가 내가 지는 짐보다 더 큰 짐을 아무 말 없이 담담하게 지는 사람들이 참으로 많다. 차라리 그들의 이야기가 들려졌으면 좋겠다.

정말로 망설이게 되는 또 한 가지 이유는, 내가 사랑하는 사람을 돌보는 방식이 유일하게 올바른 방식이라고 주장하는 것 같은 인상을 사람들에게 줄 수 있다는 사실 때문이다. 그 같은 오해는 여러 가지 상황으로 인해 나처럼 할 수 없는 많은 사람들을 쉽게 정죄하거나 그들이 죄책감을 갖도록 만들 수 있다. 나의 접근 방식이 모든 상황에서 유일한, 혹은 최선의 접근 방식이라고 주장하는 것처럼 들리지 않기를 바란다. 나는 그저 나의 이야기를 들려주는 것이며, 결혼한 배우자와 나누는 사랑의 기쁨을 축하하는 것일 뿐이지, 돌봄은 이러해야 한다고 주장하는 것이 아니다.

이러한 모든 위험에도 불구하고, 나는 우리의 이야기를 나누는 쪽으로 설득되었다. 이 이야기를 통해 격려를 받는 사람들이 있기를 기도할 뿐이다.

일일이 이름을 밝히기 힘들 정도로 많은 사람들의 도움을 받았다. 지금도 여전히 그들에게 빚진 마음이고 감사하게 생각한다. 그래도 「크리스채너티 투데이」의 편집자와 일본 Word of Life Press의 편집자만큼은 별도로 언급하는 것이 나로서는 도리일 것이다. 그들의 격려가 없었다면 아무것도 쓸 수 없었을 것이다. 이 책의 일부 내용은 「크리스채너티 투데이」에 '서약 지키기'(1990년 10월 8일) 그리고 '뮤리엘의 축복'(Muriel's Blessing, 1996년 2월 5일)이라는 제목으로 실렸으며, 일본에서 출간된 「아플 때나 건강할 때나」(*In Sickness or In Health*)라는 책에서도 다루어졌다.

이 책에 나오는 이야기는 전부 사실이지만, 사생활 보호를 위해 몇몇 사람들의 이름은 가명을 사용했다.

아플 때나 건강할 때나

1978년 여름, 플로리다에 사는 친구들을 방문했을 때 아내 뮤리엘이 5분 전에 한 이야기를 반복해서 들려주기 시작했다. 이미 한 이야기라고 내가 일깨워 주었지만, 아내는 그냥 웃어넘기고는 이야기를 멈추지 않았다. '이상하네. 이런 적이 없었는데'라고 나는 생각했다. 하지만 그런 일이 가끔씩 일어나곤 했다. 당시 아내는 55세였다.

그로부터 3년 후에 아내가 심장 검사를 받기 위해 병원에 입원했을 때 젊은 의사가 나를 한편으로 부르더니 말했다. "알츠하이머병에 걸렸을 가능성이 있을지도 모르겠습니다." 나는 믿을 수가 없었다. '젊은 의사들은 정말 주제

넘는 소리를 잘하는군. 상대방의 기분은 전혀 살필 줄도 모르고 말이야'라고 나는 생각했다. 뮤리엘은 지금까지 하던 일을 대체로 다 잘 해냈다. 집에 손님 초대하는 일을 그만둔 것은 사실이다. 한창 성장 일로에 있는 신학교와 성경대학의 총장으로서 결코 작은 손실은 아니었다. 아내는 요리를 무척 잘하고 안주인 역할도 훌륭하게 해냈지만, 식단 짜는 일을 갈수록 힘들어 했다. '그래도 그렇지, 알츠하이머라고?' 그 이름조차 생소했다. 그러나 내 의식 한편에서는 두려움이 엄습하기 시작했다.

아내의 기억력이 더 심하게 나빠지자, 우리는 신경과 의사인 친구를 찾아갔고, 그는 정밀 검사 끝에 알츠하이머병이라는 진단을 내렸다. 하지만 내게는 의문이 좀 남아 있었다. 아내에게는 알츠하이머병 환자에게 전형적으로 나타나는 신체적 쇠퇴 증상이 전혀 없었기 때문이다. 그래서 우리는 최선의 2차 견해를 얻을 수 있으리라 생각하며 듀크 대학 병원으로 갔다. 의사가 아내에게 사복음서의 이름을 대어 보라고 하자, 아내가 도움을 청하는 간절한 눈빛으로 나를 쳐다보는데 가슴이 철렁 내려앉았다. 그래도 아내는 얼른 추스르더니 웃어넘겼다. 약간 긴장된 웃음이기는 했지만 말이다. 아내는 웬만해서는 사기가 꺾이지 않는 여자였다!

친구들은 우리에게 비타민요법, 화학요법 등의 치료법과 축사(逐邪), 이 분야의 전문가나 치료사, 다른 병원 찾기 등 온갖 종류의 제안을 했다. 일주일에 한 번꼴로 그런 제안을 들은 셈이다. 모든 제안이 다 사랑에서 우러나온 것이었지만, 어떻게 일일이 다 확인해서 시도해 보겠는가? 우리는 그냥 의사의 진단 결과를 받아들이고 새로운 기적의 치료법을 쫓아다니지 않기로 했다. '일반적인 방법을 따르자. 하나님이 원하신다면 뮤리엘에게 기적을 행하실 것이고, 그렇지 않다면 내게 기적을 행하실 것이다.'

이제 때가 왔구나

이 타락한 세상에서 수많은 사람들이 내가 지는 짐보다 훨씬 더 큰 짐을 용감하게 감내하며 산다.

그중 어떤 사람은 내 특별기도 제목에 올라와 있기도 하다. 친한 친구의 딸은 마약에 절어서 정신병원을 들락거리고 아무하고나 잠을 잔다. 그렇게 끔찍한 세월을 산 지가 벌써 여러 해다. 지금 뱃속에 있는 아이는 또 누구의 아이인지 아무도 모른다. 서로 죽일 듯이 싸우는 부부도 있다. 그들은 한때 사랑했으나 이제 그 사랑은 죽었다. 고집스레 하나님을 알려고 하지 않는 자녀를 둔 부모도 있다. 친구들의 아픔을 생각하면 나 자신의 고통은 그렇게 심하게 느껴지지 않았다. 그래도 힘든 순간들이 있었다.

라디오 방송국의 매니저와 프로그램 매니저 그리고 아내가 진행하던 아침 프로그램인 '위를 바라보라'(Looking up)의 프로듀서가 나더러 한번 만나자고 했다. 간혹 아내가 녹화한 프로그램이 방송되지 않는다는 것은 나도 알고 있었다. 그래도 아내가 방송에서 내보내는 활기찬 격려는 여전히 반응이 좋았다. 사실, 여성들을 위한 프로그램이었지만, 경영 간부들도 그 방송을 들을 수 있게 아침 일정을 세운다고 종종 내게 말할 정도였다.

나와 만나는 자리에서 그 세 명의 간부들은 불편해 보였다. 그쪽에서 말을 꺼내려다 말기를 몇 차례 하고 나자 나는 분위기가 파악되었다. 그들도 마지못해서, 이제는 그만두어야 할 때가 왔다는 말을 내게 전하려고 했던 것이다. 불과 몇 개월 전만 해도 전국 방송으로 가자고까지 했었는데 말이다.

"뮤리엘이 이 일을 계속할 수 없게 되었다는 말을 하려고 나를 만나자고 한 겁니까?" 그들이 말을 꺼내기 힘들어하자 내가 먼저 물었다. 자신들의 입으로 말하지 않고도 그 힘든 메시지가 전달되자 그들은 안도한 듯이 보였다. '이제 때가 왔구나. 뮤리엘의 공적 사역이 끝났구나' 하고 나는 생각했다. 이제 더 이상 회의도, 텔레비전도, 라디오도 없다. 때가 왔다는 것을 진작 알아차렸어야 했다.

하지만 아내는 그렇게 생각하지 않았다! 라디오 프로그램에서는 하차했어도 강연 초청은 계속 받아들여야 한다고 고집을 부렸다. 강연을 하러 갈 때마다 도중에 생각이 끊기는 바람에 제대로 강연을 하지 못하고 참담한 심정으로 집에 돌아오는 일이 반복되는데도 말이다. 그러나 서서히, 마지못해 아내는 공적 사역을 포기했다.

그래도 아내는 자신을 찾아오는 많은 젊은이들을 상담

했고, 운전도 하고 장도 보았으며, 자녀들에게 편지도 썼다. 편지의 내용이 언제나 말이 되는 것은 아니었지만, "엄마가 원래 좀 오락가락하셨잖아요" 하고 아이들은 말하곤 했다.

아내는 시각장애인 대학원생을 위해 교과서를 읽어 주는 자원봉사를 하겠다고 했다. 원래 계획은 그것을 녹음해서 다른 학생들도 사용할 수 있게 하는 것이었다. 하지만 그 일을 추진한 사람들은 그 테이프를 사용하지 않았다. 나는 그 이유가 궁금했는데, 알아보니 아내에게는 읽기와 쓰기도 미술과 강연처럼 서서히 능력 밖의 일이 되어 가고 있었다. 실패하고 좌절할 때마다 아내는 실망했지만, 일시적일 뿐이었다. 아내는 금세 웃어넘기고는 다시 한 번 시도했다.

뮤리엘은 자신에게 어떤 일이 일어나고 있는지 전혀 알지 못했다. 하지만 간혹 텔레비전에서 알츠하이머병에 대해 언급을 하면 아내는 "나도 저런 것에 걸리려나?" 하고 소리 내어 말하곤 했다. 아내는 자신의 병을 고통스러워하지 않았지만, 내가 알고 사랑했던, 활기차고 창의적이고 말도 조리 있게 잘하던 사람이 서서히 빛을 잃어 가는 모습을 지켜보는 나는 서서히 죽어 가는 기분이었다.

무서운 일

내 인생과 사역이 전속력으로 정신없이 달려가던 시점에 내가 받은 첫 번째 경고는, 펜실베이니아의 외딴 곳에 있는 어느 교회의 강단에서 전화가 울린 일이었다. (거기에 전화가 왜 있는지 늘 궁금했었는데 말이다!) 내가 설교를 할 차례가 거의 다 되었을 때 응급 전화가 왔다. 뮤리엘이 심장마비가 오는 것 같다는 전화였다. 알고 보니 심장에는 아무런 문제가 없었지만, 내가 아내를 홀로 두고 온 것이 심각한 문제가 된 것 같았다. 그 후로 뮤리엘은 더 자주 나와 함께 다니게 되었다.

기억의 상실은 무서운 일이다. '여기가 어디지? 집에는 어떻게 가지? 내가 유일하게 안심하는 내 남편은 어디에 있지?' 뮤리엘이 나와 함께 여행할 때는 결코 공황 상태에 빠지는 일이 없었다. 일정 때문에 나와 따로 떨어져 있게 되면 아내는 예의 그 쾌활한 자신감으로 자신이 이해하지 못하는 그 미로 같은 얽힘을 스스로 해결해 보겠다고 나섰다.

1986년에 우리는 여러 지역을 다니며 순회사역을 했는데, 파키스탄과 필리핀, 그리고 타이완을 다닐 때는 아내가 나랑 바짝 붙어 다니면서 신기한 볼거리와 경험을 무척 즐겼다. "당신 덕분에 정말 재미난 인생을 사네요!" 하고 아내는 종종 흥분해서 말했다.

그러다가 크고 복잡한 도시인 도쿄에 가게 되었다. 나는 간단한 볼일이 있어 아내를 방에 혼자 두고 나갔다. 그런데 돌아와 보니 뮤리엘이 없었다! 가슴이 철렁했다. 좁고 구불구불한 미로 같은 이 골목들에서 어떻게 아내를 찾을 수 있을까? 일본에서 어른들은 뛰어다니지 않는다. 그러나 나는 아내를 찾아 이 골목 저 골목을 뛰어다녔다. 파출소에, 상점 주인에게, 지나가는 사람에게 나는 이러이러한 행색의 사람을 보았냐고 물었다. 그렇게 짧은 시간 안에 아내가 그리 멀리 갔을 수는, 게다가 아무의 눈에도 띄지 않고 갔을 수는 없었다.

마침내 우리가 묵고 있던 선교 본부로 돌아왔을 때 나는 두려워서 어찌해야 할 줄 몰랐다. 내 영혼이 그 상태에 잠식당할까 두려워, 나는 절박한 심정을 미처 감추지도 못한 채 선교회 운영진에게 같이 기도해 달라고 부탁했다. 그렇게 기도를 하고 있는데 친숙한 웃음소리가 들렸다. 뮤리엘이 나타

아내는 웬만해서는 사기가 꺾이지 않는 여자였다!
아내는 자신의 병을 고통스러워하지 않았지만,
내가 알고 사랑했던, 활기차고 창의적이고 말도 조리 있게 잘하던 사람이
서서히 빛을 잃어 가는 모습을 지켜보는 나는 서서히 죽어 가는 기분이었다.

날 때면 으레 들리던 그 웃음소리였다. 자신 때문에 사람들이 얼마나 놀라고 두려워했는지를 전혀 모르는 뮤리엘은 자신이 겪은 모험에 신이 나 있었다. 뮤리엘은 나를 찾으러 나섰다가 대신에 아이들이 잔뜩 모여 있는 학교 운동장을 발견했고, 아이들을 구경하고 그들과 '이야기'를 하느라 정신이 팔렸던 것이다. 그때 뮤리엘을 발견한 친절한 선생님이 택시를 불러 집으로 데려다 주게 했다. 집이라고? 어떻게 그 '친절한 택시 기사'가 '집'이 어딘지를 알았을까? 알고 보니 내가 조금 전에 신고한 그 파출소에 들렀다 온 것이었다.

나는 다시 한 번 작전을 바꾸었다. 뮤리엘의 상황이 계속 변하고 있었기 때문에 안전수칙도 달라져야 했다. 몇 달 후에 우리는 그랜드케이맨 섬(Grand Cayman Island)의 아름다운 해변에 있는 모텔에 묵게 되었다. 도쿄에서의 일로 나는 충분히 교훈을 얻은 터여서 뮤리엘에게서 눈을 떼지 않으려고 각별히 신경을 썼다. 뮤리엘은 모텔 앞에 있는 해변에서 모래성을 쌓으며 놀고 있었다. 한때 솜씨 좋은 예술가였던 티가 그 놀이에서도 나타났다. 설교를 준비하고 있던 책상에서 나는 수시로 뮤리엘을 확인했다. 모래 위에 앉아서 놀고 있는 아내의 모습을 보니, 근심 걱정 없었던 시절의 세 살짜리 우리 아이가 생각났다.

그런데 갑자기, 아내가 사라졌다! 믿을 수 없는 일이었다.

나는 해변을 따라 한쪽 방향으로 달렸다. 달리면서 내가 이쪽 방향으로 걸음을 하나 뗄 때마다 아내는 반대편으로 계속 가고 있을지도 모른다는 생각이 들었다. 마침내 어찌할 바를 몰라 하며 나는 지친 몸을 이끌고 우리 방으로 돌아왔다. 그런데 거기에 뮤리엘이 있는 게 아닌가! 어떤 '착한 젊은이'가 차로 집에 데려다 주겠다고 해서 그 차를 얻어 타고 왔다는 것이다. 그는 내 아내를 태우고 해변도로 쪽으로 차를 몰다가 아내가 우리 모텔이라고 가리키는 곳에 내려 주었다고 했다. 우리가 묵는 모텔을 가리켰다고? 비슷비슷한 모텔이 한두 개가 아닌 그 길에서, 심지어 나도 우리가 묵는 모텔을 찾기가 힘들었는데 말이다. 나는 수호천사를 믿는다. 우리가 젊었을 때 우리 아이들은 "하나님은 엄마에게 그냥 수호천사를 보내신 게 아니라, 아예 수호천사 소대를 보내신 거예요!"라고 말했다. 그렇게 훨훨 나는 유쾌한 나비 한 마리를 나는 잡았던 것이다.

좀처럼 가만히 있지 못하는 발

머지않아 뮤리엘은 대학 캠퍼스에 있는 우리 집 밖으로도 돌아다니기 시작했다. 샌디라고 하는 젊은 여자가 뮤리엘을 돌보면서 우리와 함께 살게 되었는데, 오래가지 않았다. 주도적이고 끊임없이 일을 벌이는 자유로운 영혼의 소유자인 뮤리엘은, 내가 집을 나서는 순간 불안해 하고 두려워하는 사람으로 변했다. 그리고 나를 따라나서지 못하게 하면 갇힌 사람처럼 답답해 했고, 그래서 날마다 '탈출'을 했다. 하루에도 몇 번씩 말이다!

뮤리엘의 두려움을 달래 주고 샌디의 짜증을 덜어 주기 위해서 나는 사무실에 있을 때는 자주 전화하고 외지로 나갔을 때는 날마다 전화했다. 하지만 탄자니아에 가 있을 때는 그렇게 하지 못했다. 전화가 있는 곳은 내가 강의를 하던 학교에서 수킬로미터나 떨어져 있었고, 사우스캐롤라이나까지 전화가 연결되는 데에는 거의 하루 종일이 걸렸다. 드디어 전화가 연결되었을 때, 샌디는 제정신이 아니었다. 뮤리엘이 너무 고집이 세다며, 나더러 즉시 집으로 와야 한다고 했다.

다행히 샌디는 진정이 되었고 내가 일을 마치고 돌아갈 때까지는 있겠다고 했지만, 더 이상은 못하겠다고 했다. 내가 돌아가자마자 샌디는 일을 그만두겠다고 했다. 앞으로 외지로 나갈 때는 반드시 뮤리엘을 데리고 가겠다고 아무리 다짐을 해도 샌디의 마음은 바뀌지 않았다. 그러나 뮤리엘은 이제는 내가 어디를 가든 늘 같이 다니게 되었다고 기뻐했다.

재능 있는 예술가였던 뮤리엘은 오래전부터 런던에 가고 싶어 했다. 뮤리엘은 런던이 이 세상의 예술 수도라고 생각했다. 대영제국은 바다만 정복한 것이 아니라, 이 세상의 예술 창고도 약탈했던 것이다! 그래서 내가 영국에서 사역할 기회가 생겼을 때 우리는 런던에 일주일 이상을 머물렀다. 그러나 때는 이미 늦은 뒤였다.

나는 큰 기대를 품고 뮤리엘이 가장 좋아하는 화가, 윌리엄 터너(William Turner)의 작품이 가장 많이 소장되어 있는 테이트 갤러리(Tate Gallery)를 찾아갔다. 하지만 그토록 오랫동안 사랑했던 작품들에는 눈길 하나 주지 않고 미술관을 서둘러 지나가는 뮤리엘의 모습을 지켜보면서 나는 큰 슬픔에 잠겼다. 우리는 좀처럼 가만히 있지 못하는 그 발을 따라 그 위대한 도시를 분주히 다니며 시간을 보냈다. 가끔씩은 그 장엄함을 잠시 즐기며 감탄하기도 했다. 국회의사당에 도착하자 뮤리엘은 무리를 따라 건물 안으로 들어가고 싶어 했다. 나는 뮤리엘이 결코 그 긴 줄을 서서 기다리지 못하리라는 것을 알았기에 그냥 계속 걸으면서 우리를 둘러싸고 있는 고대 유물들의 사진을 찍었다.

어떤 중요한 인물의 조각상을 보느라 잠시 정신을 팔다 보니 뮤리엘이 보이지 않았다. 나는 침착하게 서서 지키고 있는 근처의 경찰관한테 서둘러 가서 물었다.

무엇을 지키고 있는 경찰관이었을까? 분명 떠돌아다니는 백발의 미국인 여성은 아니었을 것이다! 그는 내가 처한 곤경에 아무런 관심을 보이지 않았다. '국회의사당 안으로 들어가기 위해 줄을 서 있는 곳에 간 것은 아닐까' 하는 생각이 들었다. 줄을 서서 끈기 있게 기다리고 있는 관광객들 곁을 달려 지나가는데, 갑자기 관광객들이 들어가는 출입문이 열리더니 유니폼을 입은 젊은 여성이 무단 침입한 뮤리엘을 데리고 나왔다. 하지만 수상을 만났다거나 하는 신나는 이야기는 없었다. 뮤리엘은 그저 그 불친절한 여성이 자기 길을 막았다며 나지막이 투덜댈 뿐이었다.

사랑하고 아끼며

뮤리엘을 돌보는 일은 여행지에 도착해서만 힘든 것이 아니었다. 여정에서도 힘들기는 마찬가지였다. 공항 여자 화장실에서 나오는 생면부지의 남에게 "그 안에서 혹시 여섯 살짜리 여자아이 못 보셨어요?"라고 가끔 묻는 젊은 아빠들이 나는 십분 이해가 되기 시작했다. 좁은 기내 화장실 안으로 내가 뮤리엘과 같이 들어가는 모습을, 비행기 승무원들은 티 내지 않으려 애쓰며 묘한 눈으로 바라보았다. 그들이 몰랐던 사실은, 아내가 안에서 문을 닫으면—물론 그럴 확률도 거의 없기는 하지만—다시 열지 못한다는 것이었다.

한번은 애틀랜타에서 비행기가 지연되는 바람에 공항

에서 두 시간 정도 기다려야 했다. 그런 상황은 정말로 힘들다. 아내는 왜 여기에 있느냐, 언제 집에 가느냐고 몇 분 간격으로 계속 물었고 나는 계속 같은 대답을 해주어야 했다. 그리고 몇 분마다 한 번씩 아내는 자신도 모르는 무언가를 찾아서 쏜살같이 걸어갔다. 뮤리엘은 늘 걸음이 빨랐다. 아내의 걸음을 따라가다 보면 이내 뛰게 된다.

우리 바로 맞은편에는 회사 중역으로 보이는 매력적인 여성이 앉아서 컴퓨터로 부지런히 무슨 작업을 하고 있었다. 한번은 또 한 차례의 탐험을 나선 아내를 쫓아가서 데리고 자리로 돌아오니 그 여성이 서류에서 눈도 떼지 않고 무슨 말을 했다. 근처에 다른 사람은 아무도 없었기 때문에 나는 그 여성이 내게 무슨 말을 했거나 아니면 적어도 잠시도 가만히 있지 못하고 계속 왔다 갔다 하는 우리 부부에 대한 거부감을 나타내는 줄 알았다.

"다시 한 번 말해 주시겠소?" 하고 내가 물었다.

"아, 아니요. 그냥 '나를 저렇게 사랑해 주는 남자를 만날 수 있을까' 하고 혼잣말을 한 거예요."

희생

오랫동안 나는 사역이든 뮤리엘이든, 어느 한편을 희생해야 하는 것은 아닌가 하는 문제로 씨름했다. 하나님 나라를 우선순위에 두고, 그리스도와 그 나라를 위해서 아내를 보호시설에 보내야 하는 것일까? 내가 신뢰하는, 평생지기 친구들은 내게 그렇게 하라고 했다. 지혜롭고 신실한 친구들이었다. "뮤리엘이라면 새로운 환경에 빨리 적응할 걸세."

정말 그럴까? 그곳에서 누가 뮤리엘을 나만큼 사랑하는 것은 차치하고, 과연 사랑하기라도 할까? 뮤리엘이 사랑을 그리워하지는 않을까? 보호시설의 복도에서 나란히 휠체어에 앉아, 잠깐 왔다 가는 것이기는 하지만 사랑하는 사람의 방문을 공허하고 멍한 표정으로 기다리고 또 기다리는 사람들을 나는 종종 보곤 했다. 그러한 환경에서 뮤리엘을 길들이려면 약을 먹이거나 묶어 놓아야 할 것이다. 그것만큼은 확실했다.

나를 잘 모르는 사람들은 "하나님이 먼저, 가족은 두 번째, 사역은 세 번째라고 늘 말씀하셨잖아요"라고 말한다. 하지만 나는 그런 말을 한 적이 없다. 하나님이 먼저라는 말은 하나님이 주시는 모든 책임도 먼저라는 뜻이다. 그러나 서로 충돌하는 책임들을 정리하는 일은 쉽지 않다. 결국 나는 내 후임자를 찾아야 할 것 같다고 학교 이사회에 말했다. 뮤리엘이 나를 풀타임으로 필요로 할 때가 되면 내가 뮤리엘을 돌볼 것이라고 말했다.

이제 그때가 되자, 내 결심은 확고했고 머리 써서 계산을 해볼 필요도 없었다. 내 결심을 발표한 후에 나는 후원자들에게 편지를 썼다.

스물두 해는 긴 시간입니다. 하지만 누군가에게는 자신이 기대했던 것보다 짧을 수도 있습니다. 곁을 떠나고 싶지 않은 친구들에게 작별을 고하는 일은 결코 쉽지 않습니다.

컬럼비아 바이블 칼리지로 오기로 한 일은 내가 한 결정 중에서 가장 힘든 결정이었습니다. 그러나 22년이 지나서 이곳을 떠나기로 한 일은, 비록 고통스럽기는 하지만, 가장 쉬운 결정 중 하나였습니다. 마치 하나님께서 내게는 다른 대안이 없도록 모든 상황을 이끌어 가신 것 같았습니다. 설명을 좀 덧붙이겠습니다.

사랑하는 나의 아내 뮤리엘은 12년 전부터 계속해서 지적 능력이 퇴화하고 있습니다. 지금까지는 도울 일이 갈수록 늘어나는 아내를 돌보는 일과 컬럼비아 바이블 칼리지에서 맡은 내 일을 둘 다 해낼 수 있었습니다. 그러나 최근에 와서 뮤리엘은, 나와 함께 있을 때는 대체로 만족하지만 나와 떨어져 있을 때는 전혀 그렇지 않았습니다. 그냥 '불만족스러운' 정도가 아닙니다. 내가 집에 없으면 아내는 나를 잃어버린 줄 알고 두려워하고 심지어는 공포에 사로잡혀 나를 찾아 나섭니다. 그래서 이제는 아내가 나를 풀타임으로 필요로 한다는 사실을 확실히 알게 되었습니다.

나의 사임을 발표하던 예배 시간에 내가 나눈 이야기를 여러분에게도 들려드리면 이해하는 데에 도움이 되실 것 같습니다. 어떤 면에서 이 결정은, 42년 전에 내가 뮤리엘을 "아플 때나 건강할 때나…… 죽음이 우리를 갈라놓을 때까지" 돌보겠다고 서약했을 때에 한 것입니다. 그래서 내가 학생들과 교수들에게 말한 것처럼, 이것은 서약을 지키는 한 남편으로서 나의 성실성과도 연관이 있습니다. 또 한편으로는 공정함과도 상관이 있습니다. 아내는 지금까지 나를 온전히, 희생적으로 돌보아 주었습니다. 내가 앞으로 40년간 아내를 돌본다 하더라도 나는 여전히 그 빚을 갚지 못할 것입니다. 그러나 의무란 것은 냉혹하고 가차 없는 것이기도 하지요. 하지만 의무 때문만은 아닙니다. 나는 아내를 사랑합니다. 아내는 내게 기쁨을 주는 사람입니다. 아내는 어린아이같이 나를 의지하고 따르며, 따뜻하고, 간혹 내가 그토록 좋아하던 재치를 발휘하기도 하고, 뜻대로 되지 않는 비참한 상황 속에서도 늘 쾌활하고 잘 이겨 냅니다. 나는 아내를 돌보아야만 하는 것이 아니라, 내게도 돌볼 기회가 생긴 것입니다! 이토록 아름다운 사람을 돌본다는 것은 큰 영광입니다.

나의 사임 발표에 따른 반응을 보면서 나는 매우 놀랐다. 남편과 아내들이 결혼 서약을 다시 했고, 목사들은 이 이야기를 교인들에게 들려주었다. 직업의 특성상 늘 죽음을 눈앞에 둔 사람들을 상대해야 하는, 저명한 암 전문의가 해준 말을 들은 후에야 나는 이해가 되었다. "대부분의 여자들은 남편을 떠나지 않지만, 남자들이 아내 곁에 남아 있는 경우는 거의 없습니다." 어쩌면 사람들은 그와 같은 오늘날의 비극을 감지하고, 나로서는 유일한 선택이었던 그 간단한 선택 때문에 도움을 받았는지도 모르겠다.

그러나 그것은 서약을 지키고 공정성을 지키는 것 이상의 문제다. 아내가 용감하게 그 망각의 세계로 내려가는 것을 보면서, 나는 아내가 내 인생의 기쁨이라는 사실을 새삼 깨닫는다. 나는 날마다 아내가 어떤 사람인지, 내가 늘 사랑했던 아내의 모습이 무엇인지 새롭게 발견한다.

사랑의 선물

뮤리엘은 남의 것이든 우리 것이든 밖에서 꽃을 꺾어 와 집에 잔뜩 꽂아 놓았다. 그러더니 언젠가부터는 집 안에 있는 꽃도 꺾기 시작했다. 부활절에 장식하는 아름다운 백합을 누군가가 우리에게 주었는데, 두 개의 줄기에 네댓 개의 백합이 각각 달려 있었고, 곧 하나가 더 피려 하고 있었다. 하

나는 아내를 사랑합니다.
아내는 내게 기쁨을 주는 사람입니다.
나는 아내를 돌보아야만 하는 것이 아니라,
내게도 돌볼 기회가 생긴 것입니다!

루는 부엌에 가 보니 싱크대가 있는 창턱에 백합 줄기가 꽂힌 꽃병이 놓여 있었다. 아내를 돌보면서 나는 그냥 '받아들이며' 살고 분별없는 행동을 교정하려 들지 않아야 한다는 것을 배웠다. 솔직히 아내가 한 일은 말 그대로 그저 분별없는 행동에 불과할 뿐이었다. 무슨 악의가 있는 것도 아니었고, 무엇이 옳은지 이해하지도 못했고, 꾸지람을 기억할 것도 아니었다. 그럼에도 불구하고 나도 분별없는 행동을 했다. 나는 아내에게 내가 얼마나 실망했는지 모른다고 했고, 그러면 곧 백합이 시들어 죽을 것이고 꽃봉오리도 피지 못한다고, 제발 다른 줄기는 꺾지 말아 달라고 부탁했다.

다음 날 나는 막내아들 켄트에게 내가 어리석게도 엄마를 꾸짖었다고, 그래서 기분이 너무 안 좋다고 말했다. 아들과 함께 현관 앞 베란다에 있는 그네에 앉아서 그런 이야기를 하고 있는데, 아내가 내게 줄 사랑의 선물을 가지고 현관문 밖으로 나왔다. 아내는 부드럽게 웃으며 조심스레 나머지 백합 줄기를 탁자 위에 올려놓고는 다시 집 안으로 들어갔다.

나는 그냥 "여보, 고마워"라고만 말했다.

"아빠, 잘하고 계시네요!"라고 켄트가 말했다.

한번은 치과에서 뮤리엘에게 새로 씌운 이빨이 괜찮은지 보기 위해 입을 여러 번 벌렸다 다물었다 해봐야 했다. 하지만 치과의사가 뮤리엘에게 "입을 벌려 보세요"라고 말하면 뮤리엘은 입을 앙다물었다. 의사가 사정하면 할수록 뮤리엘은 더 세게 입을 앙다물었다. 나도 시도해 보았지만 소용이 없었다. 아내는 우리가 만족스러워하지 않는다는 것을 알고 더 노력했다. 아내가 얼마나 애쓰는지를 보면서, 그 눈에서 두려움과 잘해 보려는 간절함을 보면서 나는 눈물이 고였다. 아내는 온통 거꾸로 이해하고 있었던 것이다. 그런 아내가 나는 정말 사랑스러웠다.

뮤리엘도 나를 사랑했다. 그 무렵 아내는 온전한 문장으로 말을 하지 못하고 몇 마디의 단어로만 말을 했는데, 그 단어가 말이 되지 않을 때도 많았다. 예를 들어 '예'라고 한다는 것이 '아니요'라고 하는 것처럼 말이다. 그러나 아내가 문장으로 말할 수 있는 것이 하나 있었다. 아내는 자주 그 말을 했다. "당신을 사랑해요."

아내는 말로만이 아니라 행동으로도 그 사랑을 드러냈

다. 학교를 그만두기 몇 년 전부터 아내를 혼자 집에 두고 나오기가 무척 힘들었다. 출근하려고 집을 나서기만 하면 아내는 나를 따라나섰다. 나와 함께 있을 때면 아내는 기분이 좋았다. 하지만 내가 없으면 아내는 몹시 불안해 하고, 때로는 공포에 질리기도 했다.

학교까지의 거리는 도보로 왕복 1.6킬로미터 정도다. 아내는 그 길을 많게는 하루에 열 번도 왔다 갔다 했다. 총 16킬로미터를 속보로 말이다. 가끔씩 밤에 아내가 옷 벗는 것을 도와주다 보면 발에 피가 난 것을 볼 때도 있었다. 가정 주치의에게 그 말을 했더니 그가 목이 메여서는 "대단한 사랑이군요" 하고 짧게 한 마디를 했다. 잠시 후에 그는 이렇게 덧붙였다. "오랜 세월에 걸쳐 개발된 성격은 이런 때에 나타난다는 것이 제 이론입니다."

기쁠 때나 슬플 때나

친구와 가족들은 종종 내게 묻는다. "어떻게 지내?" 아마도 "기분이 어때?"라는 뜻일 게다. 나는 그 말에 어떻게 대답을 해야 할지 모르겠다. 내 마음 한구석에는 사라지지 않는 슬픔이 있다. 날마다 빛이 꺼져 가는 것을 보면서 그 슬픔은 더 커진다. 한때 아내가 어떠했는지를 몰랐다면 내 외로움에는 차이가 없었을 것이다. 그러나 한밤중에 내가 느끼는 외로움은 내가 아내를 알았기 때문이다. 아내가 잃어 가는 것 때문에 슬퍼하는 것일까, 아니면 내가 잃어 가는 것 때문에 슬퍼하는 것일까?

　게다가 갈수록 아내의 필요를 채워 주기가 힘든 데서 오는 슬픔도 있다. 하지만 친구들이 내게 묻는 것은 아내의 필요가 아니라 나의 필요일 것이다. 어쩌면 그들은 행복한 결혼 생활에 꼭 필요한 요소라고 생각되는 것들이 하나씩 사라지는 우리 부부의 모습을 보면서, 요즘 식으로 말해서, 내가 어떻게 '감당하는지'가 궁금할 것이다.

미국의 대표적인 한 칼럼니스트에게 어떤 사람이 쓴 편지에는 이런 내용이 적혀 있었다. "내 필요를 채워 주지 못하기에 그 관계를 끝내 버렸어요."

그 사람의 답변은 예상할 만한 것이었다. "그 관계에서 상대방 여성이 채워 주지 못한 당신의 필요는 무엇이었나요? 지금도 그 필요가 있나요? 그 필요를 채워 주려면 그 여성은 어떻게 해야 하나요? 그 여성이 할 수 있는 일인가요?" 의사소통의 필요, 이해와 인정을 받을 필요, 공통된 관심사, 성적 만족감 등 그 필요가 채워지지 않으면 갈라서라. 그는 다른 대안을 제시하지 않았다.

그러한 필요 가운데 어느 것도 내 상황에서는 충족되지 않고 있다.

한때 나는 기다란 '대처 전략' 목록을 만들었는데, 매주

때로는 날마다 고쳐 써야 했다. 같이 장을 보는 일이 한때는 즐거운 오락이었을지 모르지만, 아내가 다른 사람의 카트에다가 물건을 싣고 마트라고 하는 거대한 미로 속으로 사라져 버리면 더 이상 즐겁지가 않았다. 초대받은 집의 안주인에게 조리법을 부지런히 묻고, 여성 친구들에게 전화를 해서 파마를 한 후에는 어떤 샴푸가 좋은지, 음식을 안 먹겠다고 고집을 부릴 때는 어떻게 먹여야 하는지, 목욕을 안 하겠다고 할 때는 어떻게 해야 하는지를 묻게 되면서 나는 '여자들의 수다'라고 놀리던 시절을 회개했다.

발견

알츠하이머병으로 인해 뮤리엘의 능력 하나가 상실되면 그에 따라 나도 무언가를 잃어버렸다. 물론 사역 면에서, 공적인 사역은 줄고 사적인 사역이 늘었다는 측면도 있다. 그러나 다른 의미에서의 상실도 있었다. 명랑했던 나의 동반자가 사그라지는 것을 지켜보면서, 달래지지 않는 아픔이 마내 마음 한 구석에는 사라지지 않는 슬픔이 있다.

날마다 빛이 꺼져 가는 아내를 보면서 그 슬픔은 커진다.

나는 아내가 잃어 가는 것 때문에 슬퍼하는 것일까,

아니면 내가 잃어 가는 것 때문에 슬퍼하는 것일까?

음 깊숙이 자리 잡았다.

그러나 그 같은 상실 속에서도 나는 놀라운 사실을 발견했다. 뮤리엘이 갈수록 내게 더 많이 의존하게 되면서 우리의 사랑도 가슴 구석까지 더 깊이 스며들었다는 것이다. 비록 뮤리엘은 자신이 어떻게 되어 가고 있는지 알지 못했지만, 나의 돌봄에 감사했고 만족스러워했다. 정말로 사랑스러운 사람을 사랑하는 것은 힘든 일이 아니다. 갇혀 사는 것 같은 나의 생활은, 알고 보면 그 어느 때보다도 온전히 사랑할 수 있는 즐거운 해방이었다. 제한된 상황이라는 사슬은, 고문의 도구가 아니라 우리를 더 가까이 붙들어 매는 도구였다.

이보다 더 큰 해방도 있었다. 그것은 하나님의 사랑과 관련된 것이었다. 뮤리엘만큼 나를 필요로 한 사람도 없었고, 뮤리엘만큼 내 노력에 전폭적으로 반응을 보인 사람도 없었다. 그것은 하나님과 나의 관계가 원래 어떠해야 하는지를 내가 인간적인 차원에서 가장 가깝게 경험한 것이었다. 하나님의 한결같은 사랑은 무력한 나를 끊임없이 돌보신다. 뮤리엘이 남편인 나에게 보여주는 사랑과 감사를 내게서도 이끌어 내시기 위해서 하나님은 이 관계를 계획하신 것이 틀림없었다. 나와 함께 있고 싶어 하는 아내의 만족을 모르는, 심지어는 절박한 갈망 그리고 자신을 돌보는 나의 능력과 열망에 대한 조용한 신뢰는 하나님에 대한 내 사랑이 어떠해야 하는지를 보여주는 거울이었다.

그것이 바로 첫 번째 발견이었다. 원하지 않는 상황으로 인한 속박 속에서도 해방을 가져다주는 사랑의 능력. 사람들은 그것을 잘 이해하지 못한다.

하지만 그와 정반대되는, 다른 발견도 있었다. 부서진 족쇄가 도리어 속박이 될 수도 있다. 그것을 발견하게 된 계기는 다음과 같다. 우리의 이야기를 나눈 두 개의 글('서약 지키기', '뮤리엘의 축복')에 대한 반응에 나는 놀랐다. 그 글은 온갖 사람들로부터 공감을 자아냈다. 사랑하는 사람이 고통 중에 있는 경우, 자신의 미래가 두려운 경우, 자신의 사랑 이야기가 인정을 받은 것 같다는 경우 등 공감의 종류는 다양했다. 그러나 어두운 반응도 있었다. 남편이 결혼의 족쇄를 부수고 떠나 버린 아내들, 아내가 족쇄를 풀고 떠나 두 사람 모두 망가져 버린 남편들의 방문을 여러 차례 받았고, 고뇌에 찬

편지를 수십 통 받았다.

오늘날 우리는 자기만족을 열렬히 추구하는 시대에 살고 있다. 현대를 살아가는 대부분의 사람들이 따르는 지혜에 의하면, 자유가 있어야 만족을 얻을 수 있다는 것이다. 그렇기 때문에 어떤 책임이나 헌신, 어떤 관계나 가치가 자신을 속박하면 그것을 부수고 나오는 것이 스스로에 대한 도덕적 의무를 다하는 것이다.

그러나 그것은 환상일 뿐이다. 자유와 만족으로 가는 길이 더 큰 속박으로 가는 길이 될 수도 있다. 많은 친구와 지인들이 그 길로 가는 것을 나는 애석하게 지켜보았다. 그 새로운 속박은 마음 이면에 파묻힌, 심지어는 의식 이면에 자리 잡은 것일 수 있다. 그러나 그는 자신의 족쇄를 부수어 버림으로써 하나님의 최고와 최선을 경험하는 자유로부터 스스로를 차단해 버린 것이다. 자신의 생명을 보존하고, 스스로를 주장하는 사람은 다 잃을 것이라고 예수님은 말씀하셨다. 그리스도와 복음을 위해 자기 이익을 거절하는 사람만이 참 생명이라는 보물을, 그리스도 안에서의 자유와 만족을 찾을 수 있다. 그러나 우리는 그것을 잘 이해하지 못하는 것 같다.

하루는 젊은 부부 두 쌍이 나를 찾아왔다. 아내들이 '서약 지키기'라는 내 글을 읽으면서 많이 울었고, 그래서 각자 남편들에게 읽어 보라고 부추겼던 것이다. 남편들이 다 읽고 난 후에 아내들은 각자 같은 질문을 던졌다. "나한테도 그렇게 해줄 수 있어요?" 그러자 남편들은 "왜 나를 끌어들이고 그래!"라고 대답했다. 아내들이 내게 이 이야기를 들려주는 동안 곁에 서 있던 두 남편은 쑥스럽게 웃었다. 젊은 부부들이 장난처럼 하는 그런 말은 걱정이 안 되지만, 그런 말을 너무 많이 들었다는 것이 문제였다. 그리고 그런 이야기의 결말도 나는 보았다. 결혼 생활이 엉망진창이 되어 버린 어느 부부를 여러 달 동안 상담해 온 내 친구가 있다. 그 부부의 아내 쪽에서는 이미 변호사를 선임해서 이혼을 진행하려 하고 있었다. 그런데 우리도 알고 있는 또 다른 친구가 그들에게 '서약 지키기'라는 내 글을 복사해서 주었다. 내 글을 읽고 나서 그 불쌍한 여자는 훌쩍이며 이렇게 말했다고 한다. "내 남편 조지가 나를 그렇게 사랑했다면 이렇게 되지는 않았을 거예요." 마침내 이혼서류를 제출할 때 그녀는 좀 더 형식을 갖춰서 말했다. "오래전…… 조지는 사실상 우리의 결혼을 깼습니다. 그는 자신의 우선순위를 택했고 나는 그 우선순위에 들어 있지 않았습니다." 두 사람 모두 자유로워지고자 애를 쓰다가 더 깊은 속박으로 빠져들고 말았다. 상한 마음, 깨진 가정, 분열된 교회, 영원히 불구가 된 사역이 그 결과였다.

물론 만족을 얻지 못하는 결혼 생활만이 문제가 되는 것은 아니다. 사랑하는 사람이 불구가 되었는데 자신이 마땅히 해야 할 일을 하지 않으려 한다거나, 못마땅한 마음을 누르고 억지로 돌보다가 돌보는 사람이나 돌봄을 받는 사람이 모두 비참한 상태에서 벗어나지 못하는 경우를 계속 접하게 된다. 그러한 이야기를 들을 때마다 나는 슬프다. 그렇게 되지 않을 수 있는 길이 있기 때문이다. 속박은 즐거운 해방이 될 수 있다.

인생이 단순해졌네, 이제서야

뮤리엘은 갈수록 나의 사역이 되었고, 나는 그것이 기뻤다. 사랑에 취해 함께 보낸 40년의 세월이 이제 머지않아 끝나겠구나 하는 생각을 하면서 나는 아내를 위해 그 세월을 어설프게나마 시로 표현해 보았다. 아내가 시의 내용은 제대로 이해하지 못하겠지만, 그 사랑만큼은 영원히 느끼기를 바랐다.

> 인생이 단순해졌네, 이제서야.
> 세월이 선택의 한계를
> 그어 주었지.
> 손을 맞잡은 채로
> 곧 일어날 폭풍을
> 멈춰 서서
> 기다릴 때인가?
> 아니면 그냥
> 속도만 늦추고

조금 더

싸워야 할 때인가?

당신의 고통스런 희생이

몇 차례는 더 시도할 힘을

내게 주네.

인생이 단순해졌네, 이제서야.

우리가 무엇을 하느냐가 아니라

우리가 어떤 사람인지가

이제는 더 중요하리.

나는 당신의 안전망,

나의 우정은,

충격은 크나

이해하기는 힘든

낯선 바람의

두드림을 피하는

당신의 유일한 피난처.

저 모퉁이를 돌면 만날지도 모르는

암울한 공포를

나는 어떻게든 막아 주리.

그리고 당신은?

당신의 정신은

사랑과 기쁨과

강인한 인내의 끈으로 단단히 묶였고,

세월은 그 끈을

서로 잘 엮어 놓았네.

나는 경외심을 품고 서서

포기하지 않는

당신의 힘에

용기를 얻네.

인생이 단순해졌네, 이제서야.

이제는 대화의 실로

우리 두 사람의 인생을 짜는 것이 아니라,

말 없는

사랑의 확신으로 짜네.

내 영혼의 움직임은

역경의 바람으로

두드려 맞아

더 부드러워졌구나.

더 순수하고 강인해진 사랑이

불 가운데서 나오리.

인생이 단순해졌네, 이제서야.

바쁜 두 사람에게 주시는

하나님의 선한 선물.

우리는 이제 과거를 기념하며

희망을 가지고

조용히 기다리네.

이날 이후로

결혼을 잘못했다고 생각하며 그 덫에서 몸부림을 치던 한 젊은 여성이 뮤리엘을 대하는 내 태도를 보고 말했다. "제정신으로 하시는 일은 아닌 것 같아요." 대부분의 사람들은 예의상 차마 말을 하지 못하지만, '이 사람이 진심이야, 아니면 약간 정신이 나간 거야?'라고 생각하는 사람들이 더러 있는 것 같다. 그래서 내가 아닌 다른 사람의 이야기도 하나 들려주고 싶다. 바로 제리의 이야기다.

제리가 공항으로 나를 데리러 나왔다. 우리는 오랜 친구다. 내게는 소중한 우정이다. 제리가 영성이 깊고, 받은 은사가 많은 하나님의 사람이라는 사실 때문에 더욱 그랬다. 그러나 제리에게는 큰 걱정거리가 있었다. 제리는 공항에서 나를 보자마자 터미널 계단 쪽에 있는 탁자로 데리고 가서 이야기를 꺼냈다. 제리의 아내 베티에게 무슨 일이 생겼는데, 제리는 어떻게 해야 할 줄을 몰라서 괴로워했다. 그의 이런 모습을 나는 한 번도 본 적이 없었다. 그는 아내에게 알츠하이머병의 증상이 나타난다는 사실을 받아들이기 힘들어 했다. 그래서 내게 도움을 청했다.

"교회가 그 사실을 아는가?"

"아니. 아무한테도 얘기를 안 했네. 아직 확실한 건 아니니까."

"자식들은 어떻게 생각하는가?"

"아이들한테도 얘기를 안 했네." 그는 아내에 대한 충정에서, 자신도 아직 확실하게 모르는 것을 섣불리 말해서 아내가 숱한 추측과 판단의 대상이 되게 하고 싶지 않았다.

주말 동안 제리의 집에 묵으면서 나는 긴장과 혼란에 빠져 자포자기의 단계에까지 이른 한 가정의 모습을 지켜보았다. 정말 믿기지가 않았다. 그 가정은 언제나 기독교의 은혜가 넘치는 아름다운 가정이었다. 그런데 이제는 제리가 끊임없이 베티의 말과 행동을 고쳐 주고 있었다. "아뇨, 아직 당신이 머핀을 내놓지 않았어요.…… 그건 뉴잉글랜드에서 산 것이 아니라 캐나다에서 샀잖아요.…… 아뇨, 그건 깨지는 계란이 아니에요……." 베티는 베티대로 속이 부글거리고 있었다. 베티는 나를 한쪽으로 따로 부르더니 자기 남편에 대한 험담을 늘어놓았다. 전부 상상에서 비롯된 것이었지만, 그 상상이 밤낮으로 그녀를 괴롭혔다. 물론 베티의 상황이 쉽지는 않았지만 나는 제리에게 그가 달라져야 한다고 말했다. 아내를 받아 주고, 고치려 들지 말아야 한다고, 그리고 교회에 알릴 수밖에 없다고 말해 주었다. 이미 교인들은 무슨 일이 생겼다는 사실을 눈치챘을 것이고, 그가 숨기지 않고 이야기하면 교인들은 그와 베티를 기꺼이 받아들이고 사랑으로 돌보아 줄 것이라고 나는 확신 있게 말했다. 특히 아내를 고치려 들지 말라고 강조했다. 그러면 더 심해질 뿐이라고 말이다.

"하지만 로버트슨, 베티가 명확하게 틀렸는데도 그냥 무시하는 건 정말 힘든 일이네. 나는 한평생 진실을 옹호하며 산 사람 아닌가." 수개월 후에 그가 설명해 준 또 다른 이

나는 울면서 아내에게 용서해 달라고 간청했다.

아내는 말을 잘하지 못하는 것만큼이나 잘 알아듣지도 못했다.

그래서 나는 하나님께 내가 얼마나 잘못했는지를 아뢰었다.

마음을 추스르는 데는 며칠이 걸렸다.

어쩌면 하나님은 언젠가 다시 붙을 수도 있는 그 성급한 불을 끄기 위해서

내 안에 눈물을 담아 두셨는지도 모르겠다.

유는 이랬다. "아내가 현실에서 저렇게 멀어지는 것을 지켜보는 것이 너무도 고통스럽네. 어떻게든 아내를 현실에 붙잡아 두고 싶어."

나는 두 사람을 모두 격려하고 싶었지만, 상황은 썩 좋지 않아 보였다. 그러나 마침내 몇 주 후에 베티는 신경과 의사를 만나 보겠다고 했다. 막상 진단을 듣고 나자 베티의 태도가 놀랍게 변했다. 만약에 그런 것이라면, 같이 헤쳐 나가면 된다고 베티는 말했다. 교회에는 어떻게 알릴까에 대해서 제리는 베티가 말하는 것이 좋겠다고 제안했고, 몇 차례 설득 후에 베티는 그렇게 하겠다고 했다. 주일 아침에 베티는 많은 교인들 앞에 서서 하나님이 지금 자신의 인생에 어떤 일을 하고 계시는지를 말해 주었다.

몇 달 후에 그 가정을 다시 방문했는데, 믿기 어려울 정도로 달라져 있었다. 두 사람은 마치 신혼부부 같았다. 베티는 정신이 더 심하게 오락가락했지만, 제리는 아내를 고치려 들지 않았다. "인생에 대한 접근법을 완전히 바꾸려니 거의 죽을 지경일세"라고 제리는 말했다.

그런데 베티는 내게 자기 남편이 이 세상에서 가장 사랑이 많고, 이해심이 많고, 따뜻한 사람이라고 살짝 말해 주었다.

베티는 종종 피아노를 피난처로 삼기도 했다. 베티는 뛰어난 음악가였다. 어느 날 저녁에 거실로 들어서는데 베티가 아름다운 알토 음성으로 노래를 부르고 있었다. 베티의 노래를 들으며 나는 눈물을 흘렸다.

> 지금 나는 이 순간밖에 볼 수 없고,
> 내일 필요한 힘은 내일 받겠지만,
> 복되신 주여, 지금 내게 필요한 힘을 주실 줄 믿습니다.
> 주 예수여, 하나님이 나를 위해 표시해 주신 길을
> 신실하게 잘 따라가게 하소서!
> 오 놀라운 구주여, 나를 붙잡아 주소서!
> 내 힘과 소망 모두 오직 당신께 있습니다.

> 내 가는 길에 폭풍이 불어 앞을 가릴 수 있지만,
> 어둠 속에서도 믿음으로 하나님과 함께 걷겠네.
> 하나님께서 그 길을 바르게 인도하시리.

주 예수여, 하나님이 나를 위해 표시해 주신 길을 신실하게 잘 따라가게 하소서!
오 놀라운 구주여, 나를 붙잡아 주소서!
내 힘과 소망 모두 오직 당신께 있습니다.

그때 갑자기 제리가 들어와서 깊은 감동에 빠져 울고 있는 나를 보았다. 우리는 서로를 끌어안고 울었다. 제리는 자신과 베티가 이렇게 서로를 다정하게 사랑한 적이 없었다고 말하며 울었다. 베티는 제리를 정말 필요로 했고, 제리를 깊이 신뢰했다. 그리고 제리는 베티를 정말 사랑했다. 제리는, 이유는 설명할 수 없지만 자신이 아내와 전에는 한 번도 주고받지 못한 말로 사랑을 종종 고백한다고 말했다. 알츠하이머병이 더 진전되면서, 오히려 베티는 자신이 병에 걸려서 기쁘다고 말했다. 그 일로 인해서 두 사람의 사랑이 더 풍성해졌기 때문이다. "결코 바꾸지 않을 거예요"라고 베티는 말했다. 그들도 놀라운 사랑의 힘으로 자유를 얻은 것이다.

참 사랑

한번은 자제력을 완전히 잃은 적이 있었다. 뮤리엘이 걸어 다니고 서 있을 수 있었던 시절에는 기저귀를 차지 않았는데, 그래서 가끔씩 '사고'가 발생하기도 했다. 뮤리엘은 변기 옆에 혼란스런 얼굴로 서 있었고, 나는 바닥의 오물을 치우려고 그 옆에 무릎을 꿇고 있었다. 아내가 돕겠다고 계속 고집을 부리지만 않았어도 일이 좀 쉬웠을 것이다. 나는 점점 더 짜증이 났다. 그러다가 순간적으로 아내의 종아리를 때리고 말았다. 좀 가만히 있으라는 의도에서였지만, 전혀 도움이 되지 않는 행동이었다. 세게 때린 것은 아니었지만, 아내는 깜짝 놀랐다. 나도 깜짝 놀랐다. 40년이 넘는 결혼 생활에서 화가 나서든 질책의 의미에서든 아내에게 조금이라도 손을 댄 적이 한 번도 없었기 때문이다. 그러고 싶은 유혹을 받은 일조차, 정말로 한 번도 없었다.

그런데 지금, 아내가 나를 가장 필요로 할 때에 내가 이러다니……

나는 울면서 아내에게 용서해 달라고 간청했다. 아내는

말을 잘하지 못하는 것만큼이나 잘 알아듣지도 못했다. 그래서 나는 하나님께 내가 얼마나 잘못했는지를 아뢰었다. 마음을 추스르는 데는 며칠이 걸렸다. 어쩌면 하나님은 언젠가 다시 붙을 수도 있는 그 성급한 불을 끄기 위해서 내 안에 눈물을 담아 두셨는지도 모르겠다.

머지않아 나는 다시 똑같은 상황에 처해 화장실 바닥에 무릎을 꿇고 있었다. 뮤리엘은 돕고 싶어 했다. 지저분한 것을 치우는 일은 지금까지 자신의 전문 분야가 아니었던가? 그런데 지금 그 바지런한 손은 뭘 어떻게 해야 할지를 몰랐다. 나는 간섭하는 아내의 손을 막으려고 애를 쓰며 정신없이 바닥을 닦았고, 어떻게 하면 더러워진 속치마를 벗지 않겠다고 완강하게 버티고 있는 아내의 머리 위로 그 옷을 벗길지 고민했다. 바로 그때 부엌에 켜 놓은 라디오에서 척 스윈돌(Chuck Swindoll)의 목소리가 크게 들렸다. "여러분! 지금 여러분은 집에 계신 것처럼 편안하십니까? 정말로 그렇게 편안하십니까?" 악취가 나는 오물을 치우는 그 와중에도 나는 웃었다. "그래요, 척. 나 지금 집에 있어요. 그리고 편안해요." 나는 지금이 정말 좋았다.

최근에 어느 학생의 부인이 내게 물었다.

"지치지 않으세요?"

"지치지 않냐고요? 매일 밤 지칩니다. 그러니까 자러 가지요."

"아니요, 제 말은……." 그러면서 그녀는 고개로 뮤리엘을 가리켰다. 뮤리엘은 휠체어에 말없이 앉아 있었고, 공허한 그 눈빛은 "지금은 집에 아무도 없는데요"라고 말하고 있었다.

"아니요. 지치지 않아요. 나는 아내를 돌보는 것이 정말 좋아요. 아내는 내 보물이에요"라고 나는 대답했다.

"저라면 지칠 것 같아요."

실제로 그럴 것이다. 사실 지금 그녀는 지쳐 있었다. 두 사람 모두 잘 생기고, 건강하고, 똑똑하고, 꿈도 크고, 로맨스가 넘쳐 나는 젊은 부부라면 기대치도 그만큼 높을 것이다. 하지만 그녀의 말대로, 배우자를 언제나 긍정만 하는 일에 사람은 지칠 수 있다. 특히 칭찬할 만한 것이

거의 없을 때는 말이다. 그러나 사랑이 있다면 달라야 하지 않을까?

사랑은 상호적이지 않으면 시들어 버린다고들 한다. 상대방이 말을 하지 않고, 자기 몫의 짐을 지지 않고, 육체적 관계가 없으면, 사랑도 식는다고 한다. 행복한 결혼 생활에 꼭 필요한 것들이라고 장황하게 이야기하는 것을 들으면, 내 사랑하는 사람이 그러한 행복한 결혼 생활에 더 이상 기여할 수 없는 것들이 무엇인지 손으로 세어 본다. 그러면서 사랑이란 참으로 신비로운 것이라는 생각에 잠긴다. 최근에 저녁 식사를 준비하고 있는데, 라디오에서 흘러나오는 어느 유명한 라디오 설교자의 말을 듣고 깜짝 놀랐다. 한 권위 있는 연구에 의하면, 배우자가 불치병에 걸리면 열 명 중에 일곱 명은 배우자와 갈라선다고 그는 말했다. 그러한 상황에서 아내보다는 남편이 더 많이 떠나니 남자들만의 숫자로 본다면 어떻겠는가? 열 명 중에 아홉? 아내가 남편을 가장 필요로 할 때 말이다. 나는 마음속으로 생각했다. '어떻게 그럴 수가 있지?' 어쩌면 그들은 바람이 났는지도 모른다. 자기 자신과 말이다. 참으로 사랑은 신비로운 것이다.

어느 신문의 5단짜리 기사 제목을 보니 '사랑이 알츠하이머병 환자의 생존율을 높인다'고 되어 있다. 그 기자는 이렇게 썼다. "알츠하이머병과 사랑이 무슨 상관이 있는가? 이 연구를 수행한 연구원에 의하면 매우 큰 상관이 있다고 한다. 그는 배우자가 알츠하이머병에 걸리면 결혼 생활에 어떤 변화가 오는지를 연구한 결과, 이런 결론에 도달했다고 말했다."

로어 라이트(Lore Wright) 박사가 그 보고서를 발표했을 때 나도 그 자리에 있었다. 2년에 걸쳐서 47쌍의 부부를 연구한 결과, 그녀는 아내와 남편의 관계를 분석한 것에 기초해서 어느 부부가 먼저 사별을 경험할지 정확하게 예견했다.

내가 참석한 어떤 워크숍에서는 또 다른 전문가가, 환자를 간호시설에 보내지 않고 집에서 돌보는 이유는, 경제적인 여건 때문이거나 죄책감 때문이거나, 그 둘 중 하나라고 했다. 워크숍이 끝난 후에 나는 그 사람을 찾아가서 집에서 환자를 돌보는 또 다른 이유들도 있지 않겠느냐고 말을 건넸지만, 그녀는 그 두 가지 이유밖에 없다고 단호하게 말했다.

마침내 내가 물었다. "사랑해서 그럴 수도 있잖아요?"

"아, 그건 죄책감에 포함시켰어요"라고 그녀가 대답했다.

사랑의 위상이 그 정도밖에 안 되다니!

부유할 때나 가난할 때나

뮤리엘을 사랑하는 일은 어렵지 않다. 뮤리엘은 정말 사랑스럽기 때문이다. 하지만 내가 사랑하는 다른 것들은 이제 어떻게 되는 것일까? 예를 들어, 전에 내가 하던 일은 이제 어떻게 되는 것일까?

"총장 시절이 그립지 않으세요?" 우리 집 작은 정원에 함께 앉아 있던 신입생 스티브가 물었다.

한 번도 생각해 보지 않았지만, 지금 생각해 보니 꼭 그렇지는 않다고 나는 대답했다. 내가 하던 일이 신나고, 즐겁고, 의미 있었던 것은 사실이지만 그립지는 않았다. 요리와 청소를 배우는 것도 즐겁고, 이렇게 정원을 가꾸는 것도 즐겁다고 말했다. 사실 정원 사업은 좀 때늦은 일이었다. 뮤리엘은 늘 일본식 정원을 갖고 싶어 했지만, 내가 시간을 내지 못해 그동안 계속 미루어 왔었다. 그래서 지금 이렇게 정원을 가꾸는 일은 일종의 잃어버린 꿈에 대한 추모가 된 셈이다. 그리고 나는 주말에 전국을 다니며 설교를 하는 것도 즐겁고, 조용한 시간에 잡지 원고와 책을 쓰는 것도 즐겁다고 했다. 나는 그 시절에 대한 미련이 하나도 없었다.

하지만 그날 밤 나는 그 학생의 질문에 대해 곰곰이 생각해 보았다. 마침내 나는 주님께 이렇게 말했다. "하나님 아버지, 이대로도 괜찮습니다. 지금 제게 주어진 임무가 좋고 후회도 없습니다. 하지만 한 가지 궁금한 것이 있습니다. 코치가 선수를 벤치에 앉힐 때는 경기에서 뛰지 말라는 뜻입니다. 물론 제게 꼭 알려 주셔야 하는 것은 아니지만, 혹시 제게 그 비밀을 알려 주실 의사가 있다면 알고 싶습니다. 왜 제가 경기에서 뛰는 걸 원치 않으십니까?"

그날 밤 나는 잠을 잘 이루지 못했고, 여전히 궁금해 하며 잠에서 깨어났다. 당시에 뮤리엘은 아직 움직일 수 있었기에 우리는 아침에 동네 산책을 나섰다. 아내의 발걸음이 불안정했으므로 우리는 손을 잡고 천천히 걸었다. 우리가 사는 동네는 완곡한 표현으로 전환기에 있는 동네라고 불리는 곳이었는데, 열심히 산 흔적은 역력하지만 이제는 살 낙이 별로 없어 보이는 사람들을 많이 볼 수 있는 동네였다.

폭이 좁은 인도 왼편으로는 잡초가 무성한 분리대가 있었고 오른편으로는 차량이 많은 도로가 있었다. 그 길에서 한 번도 사람을 만난 적이 없다는 사실에 나는 감사했다. 안 그랬으면 둘 중에 한 사람은 도로로 내려서야 했기 때문이다. 그런데 그날은 내 뒤에서 발자국 소리가 들려서 뒤를 돌아보니 동네에서 익히 보았던 노숙자 한 사람이 걸어오고 있었다. 나는 '우리를 따라잡지는 못할 거야'라고 생각했다. 하지만 그는 우리를 따라잡았고, 걸음 하나 잘못 디디지 않고 자연스럽게 도로로 내려갔다가 다시 우리 앞쪽의 인도로 올라섰다.

그러더니 그가 뒤로 돌아서서 우리를 아래위로 훑어보며 이렇게 말했다. "보기 좋아. 마음에 들어. 정말 좋아. 마음에 들어." 그는 다시 길을 가면서 계속 "보기 좋아. 마음에 들어"를 중얼거렸다.

나는 싱긋 웃으며 그 순간을 즐겼다. 우리를 좋게 봐 주는 그 말에 나는 감사했다.

우리 집 정원에 도착해서 의자에 앉았을 때 그의 말이 다시 생각났다. 순간 나는 깜짝 놀랐다. 나도 모르게 "주님, 반쯤 취한 노숙자의 입을 통해서도 말씀하십니까?"라는 말이 튀어나왔다. 그리고 깨달았다. '그렇게 하실 수 있고, 또 그렇게 하셨군요! 내 영혼에 "마음에 들어, 보기 좋아"를 속삭이는 분은 주님이시군요. 내가 비록 벤치에 나앉았을지는 모르지만, 마음에 들어 하시고, 보기 좋아하시는군요. 그것이면 충분합니다.'

비밀

"당신이 이렇게 할 수 있는 원동력은 무엇입니까?" 텔레비전 인터뷰 진행자가 물었다.

그때는 생각해 보지 않았지만, 지금은 대답할 수 있다. 찬양이 도움이 된다. 예를 들어, 나는 내 인생이 이 지구상에

아내가 조금씩 죽어 갈 때마다 나의 일부도 같이 죽어 가는 것 같았다.
장애가 오기 전까지, 아내의 오른손은
아내가 의사소통을 하던 최후의 수단이었다.
아내는 그 팔을 뻗어 내 손을 잡았고,
내가 안아 주면 내 등을 두드렸고,
내가 하는 일이 마음에 안 들면 나를 밀쳐 냈다.
나는 그 손이 그리웠다. 추억이란 달콤하고도 씁쓸하다.

살고 있는 95퍼센트의 사람들보다 행복하다고 생각한다. 죄를 용서받았고, 하나님이 만족해 하시고, 웃음과 만족이 가정에 충만하다. 지각 있는 사람도 그런 것을 누리지 못하는 경우가 많다! 뮤리엘은 내게 기쁨이다. 어려움이 있기는 해도 우리 둘 다 힘난하게 사는 건 아니다. 그러나 내가 생각하는 것은 단순히 "받은 복을 세어 보는 것"보다 더 기본적인 무엇이다.

1992년에 나는 잇따른 타격으로 멍한 상태였다. 사랑하는 아내는 갈수록 제정신이 아니었고, 큰아들은 비극적 사고로 내 곁을 떠났고, 내가 평생 동안 해온 일을 정점에서 그만두어야 했다. 하나님을 원망한 것은 아니지만, 하나님과 소원해진 것은 사실이었다. 기쁨이 사라졌고, 하나님을 향한 사랑은 얼어붙었다. 내 상태가 좋지 않다는 것을 나는 알았다. 외로울 때 유일한 친구가 되어 주시는 분과 사이가 멀어지다니…….

물론 나를 향한 그분의 사랑은 결코 식지 않았다. 붙잡고 있는 내 손에서 힘이 빠지면서 의심의 심연으로 미끄러질 것 같은 아주 힘든 때에도 늘 나를 잡아 준 것은, 하나님이 가장 사랑하시는 분이 나 대신에 죄인으로 처형대에 매달리신 모습이었다. 그 정도로 나를 사랑하시는 분이 어떻게 아무런 이유도 없이 나를 아프게 하실 수 있겠는가? 그래도 짝사랑은 별로 만족스럽지가 못한 법이다. 나는 친밀한 교제가 그리웠다.

그때 나는 젊은 시절에 알게 된 비밀 하나를 기억해 냈다. 나는 홀로 하나님과 시간을 갖기 위해 산속에 있는 은신처로 간 적이 있었다. 그곳에서, 비록 시간이 좀 걸리기는 했지만 나는 서서히 내 문제에 대한 집착에서 벗어나 예수님께 집중할 수 있었다. 그렇게 되자 나는 하나님이 예전에 여러 번 가르쳐 주신 것을 다시 배울 수 있었다. 무거운 마음은 찬양의 날개 위에서 가벼워진다.

또 다른 원동력도 있다. 바로 가족이다. 자녀들을 말하는 것이 아니다. 자녀들이 우리를 무척 사랑하는 것은 사실이지만, 그들은 위스콘신, 일본, 캘커타의 빈민가 등에 흩어져 살고 있었다. 가끔씩 나는 자녀와 손자손녀들이 가까이 살면서 날마다 도와주는 친구들을 시기하고픈 유혹이 들기도 한다. 그러나 나의 누이들이 한 명씩 은퇴를 하면서 세계 각지에서 우리가 살고 있는 컬럼비아로 돌아왔다. 그들이 우리를 잘 돌보아 준다. 그리고 친구들도 마찬가지다. 언젠가 돌려받으려고 친구를 사귀는 일은 옳지 않다. 그것은 참된 우정이 아니다. 그러나 인생의 봄과 여름에 친구를 사귀지 않는 사람은 겨울에 외로울 수밖에 없겠다는 생각이 든다.

추억도 도움이 된다. 뮤리엘은 내 마음의 옷장을 최고의 추억으로 가득 채워 놓았다. 나는 종종 아내가 참으로 창의적으로 계획했던 특별한 사랑의 순간을 다시 음미하거나, 주체할 수 없는 아내의 열정이 폭발하던 때를 기억하며 웃는다. 어떤 때는 그 행복이 기쁨으로 끓어오르는 것이 아니라, 눈물의 비로 촉촉하게 내리기도 한다. 조이 그레섬(Joy Gresham)이 C. S. 루이스(Lewis)에게, 자신은 곧 죽을 것이고 이 기쁨은 곧 끝날 것이라고 말하자, 그는 생각하고 싶지 않다고 했다. 그러자 조이는 이렇게 말했다. "아픔도 행복의 일부예요. 그게 이 세상의 이치지요."

맞는 말이다. 1995년 여름에 뮤리엘의 오른팔에 장애가 왔다. 18개월 전, 서지도 못하고 스스로 먹지도 못하게 된 이후로 가장 큰 쇠퇴였다. 큰 손실은 아니라고 생각할지 모르지만, 나는 눈물을 흘렸다. 아내가 조금씩 죽어 갈 때마다 나의 일부도 같이 죽어 가는 것 같았다. 그 소중한 손, 그토록 창의적이고, 사랑스럽고, 나와 다른 모든 사람을 위해 바지런히 움직이던 그 손. 하지만 단순히 그러한 추억 때문에만 슬픈 것이 아니었다. 그 오른손은 아내가 의사소통을 하던 최후의 수단이었다. 아내는 그 팔을 뻗어 내 손을 잡았고, 내가 안아 주면 내 등을 두드렸고, 내가 하는 일이 마음에 안 들면 나를 밀쳐 냈다. 나는 그 손이 그리웠다. 추억이란 달콤하고도 씁쓸하다.

나의 사랑, 나의 발렌타인

뮤리엘의 재치 있는 말들이 종종 생각난다. 한번은 아내에게 당신도 다 아는 것은 아니라고 강력하게 항의한 적이 있다. "내가 다 아는 게 아니라고요?" 아내는 곧바로 쏘아붙였다. "난 그 이상을 알고 있어요. 뭐가 아닌지도 알고 있다고요!"

한번은 아내가 무언가를 해달라고 부탁했을 때 나는 다

른 일을 하고 있다고 대답했다. 그러자 아내는 이렇게 말했다. "한 번에 두 가지 일을 할 줄 모르다니, 안됐군요." 뮤리엘은 여자였기 때문에 당연히 한 번에 세 가지 일도 할 수 있었고, 늘 그렇게 했다. 게다가 아주 잘해 냈다. 그렇다고 모든 일을 항상 잘하는 것은 아니었다.

"나는 선택적 포기를 할 줄 아는 사람이에요." 아내는 그렇게 쾌활하게 말하고는 하던 일을 포기하기도 했다. "해야 할 가치가 있는 일이라면, 잘해야 한다고요? 쳇, 이 세상에서 잘해야 할 가치가 있는 일은 많지 않아요."

한번은 잠자리에서 내가 거부할 수 없는 논리로 논쟁에서 이기고 있었다. 그러자 아내는 팔꿈치로 받치고 상체를 일으키더니, 잿빛과 초록빛이 섞인 눈에 불을 켜고 내가 꼼짝도 못하게 쳐다보며 말했다. "이봐요, 논리가 전부가 아니에요. 감정도 중요하다고요." 아무 말 없이 지내는 요즘, 오래전에 나누었던 흥미롭고 재미있던 대화들이 생각나서 다시 한 번 즐거워진다.

과거에 나누었던 대화를 내가 기억하고 있는 것이 다행이다. 아내가 제대로 된 단어를 말하지 못한 지가 벌써 몇 달이 되었기 때문이다. 문장 혹은 대화를 못한 지는 몇 년이 되었다. 가끔 애는 쓰지만 단어라고 하기 힘든 소리만 웅얼거릴 뿐이다. 다시 그 목소리를 들을 수 있을까? 아내가 진행하던 라디오 프로그램 시청자들이 좋아하고, 내 인생에 활력이 되는 목소리였는데 말이다.

발렌타인데이는 우리 집에서 언제나 특별했다. 왜냐하면 1948년 그날에 뮤리엘이 나의 청혼을 받아들였기 때문이다. 1995년 발렌타인데이 전날에 나는, 알츠하이머는 가장 잔인한 질병이지만 그 피해자는 사실상 환자를 돌보는 사람이라고 어느 전문가가 주장하는 글을 읽었다. 그런데 나는 내가 피해자라는 생각을 한 번도 해본 적이 없었다.

한 친구가 내게 이런 편지를 보냈다. "뮤리엘은 더 이상 자네를 알아보지도 못하고, 사실 아무것도 모르는 상태인데, 이제는 간호시설에 보내고 자네는 자네 인생을 살아야 하지 않겠나." 나나 아내의 건강 상태 때문에 다른 사람이 아내를 더 잘 돌볼 수 있는 날이 아마도 올 것이다. 그러나 아직은, 아내는 내가 필요하고 나는 아내가 필요하다.

나는 이렇게 답장을 썼다. "아내가 없으면 내가 얼마나 외로울지 생각해 봤나?"

그리고 뮤리엘도 사실은 피해자가 아니다. 그 발렌타인 데이 전날 저녁, 피해자라는 것에 대해서 생각하고 있는데 아내의 옷을 갈아입혀 주던 때가 떠올랐다. 옷을 갈아입힐 때마다 성질을 부리던 아내였는데, 그날은 온화하게 웃으면서 행복한 생각에 잠겨 있었다.

"당신은 참 운이 좋은 여자야. 그러니까 그렇게 만족하며 살지. 걱정도 없고, 두려울 것도 없고, 마음 다칠 일도 없고. 필요한 것은 다 챙겨 주지, 사랑해 주지, 잘 돌봐 주지. 회개할 죄도 없잖아!"

그날 저녁 나는 뮤리엘을 침대에 눕힌 채 씻겨 주었고, 잘 자라고 키스해 주었다. (아내가 여전히 좋아하는 것 두 가지가 바로 맛있는 음식과 키스였다!) 그리고 조용히 기도해 주었다.

"예수님, 당신은 뮤리엘을 저보다도 더 사랑하십니다. 밤새 아내를 지켜 주십시오. 아내가 천사들의 합창을 듣게 하시고……."

다음 날 아침 아내가 누운 침대 발치에서 실내 자전거를 타고 있는데, 아내가 서서히 잠에서 깨어났다. 나는 이제는 옛날이야기가 된 행복했던 발렌타인데이들을 떠올리며 추억에 잠겼다. 드디어 아내는 완전히 잠에서 깨어났고, 여느 때처럼 나를 보고 웃었다. 그리고 몇 달 만에 처음으로 아내가 말을 했다. 수정처럼 맑은 목소리로 나를 향해 "사랑……사랑……사랑"이라고 말했다.

나는 얼른 자전거에서 내려와 달려가서 아내를 안았다. "여보, 당신 정말 나 사랑하지, 그렇지?"

손은 움직이지 못하지만 아내는 눈빛으로 나를 붙잡고 내 등을 두드리며 내 말에 동의하는 뜻으로 자신이 생각해 낼 수 있는 유일한 말을 했다. "난 착해요."

어쩌면 아내가 이 세상에서 마지막으로 하는 말이 될지도 모르는 말이었다.

죽음이 우리를 갈라놓을 때까지

1994년에 우리 딸 마르디가 크리스마스 선물로, 나보다 뮤리엘의 이야기를 훨씬 더 잘 들려주는 글을 시 비슷하게 써서 내게 주었다.

    엄마의 마음에는 들장미가 자랐고

    그 손에서 씨앗이 떨어지고

    그 웃음은

    마치 계곡이 흐르듯

    가슴에서 흘러나와 우리의 정원을 적셨지.

엄마는 돌과 햇빛과

달빛과 노랫가락을 모았지.

엄마가 기쁘게 알아보고

부드럽게 만지지 않은

아름다움은 하나도 없었지.

엄마는 잰 체하지 않았고

그런 태도는 아예 뿌리 뽑아

바다에 던졌지.

다른 사람들은 걷는 길을

엄마는 춤을 추며 달렸어.

엄마가 핑그르르 돌며 빛을 발하던

그 자리에 이제는 눈이 수북이 쌓이고

하나님의 빛이 그 머리카락에서 흩어져 나가네.

이제 엄마는 더 자주

여행을 떠나시는 것 같고

이곳에 가만히 남아 있는 엄마의 몸을

우리는 돌보려 하는데

가끔씩 엄마는 여행에서 돌아와

우리를 바라보며

싱긋 웃으시지.

마치, '아, 그래 거기 있었구나,

내가 사랑하는 사람들' 하고

말씀하시는 것 같아.

하지만 다시 그곳으로 돌아가

아직은 엄마를 들어오지 못하게 하는

그 문 곁에 가서 서 계시지.

엄마는 거기에서 천사들을 바라보고

성도들의 찬양을 들으며

조용히 물으시지.

내가 들어가도 될까요.

지금도 나는 이 글을 읽으면 눈물이 나고 가끔 묻게 된다. "새벽은 언제 올까?"

선택

"왜 아내분을 놓아주시지 않나요?"

이 질문의 의도를 나는 정확하게 알아들을 수가 없었다. 하지만 이 질문을 던진 여성은 곧 나의 의문을 풀어 주었다. 캘리포니아 남부의 토크쇼 진행자는 원래 「성경 윤리 입문」(*An Introduction to Biblical Ethics*)이라는 내 책을 중심으로 나를 인터뷰하기로 되어 있었다. 하지만 그는 이제 막 '뮤리엘의 축복'이라는 내 글을 읽은 터여서 그 이야기만 하고 싶어 했다. 인터뷰를 한 지 10분쯤 되자 그는 갑자기 "전화 연결합시다"라고 말했고, 나는 미처 준비도 안 된 상태에서 대륙 반대편에 사는, 알지도 못하는 여성과 대화를 하게 되었다.

"놓아주다니요? 그게 무슨 말이지요?" 내가 물었다. 내가 아내에게 감정적으로 집착하지 않는다는 사실을 토크쇼 진행자가 분명하게 말을 해주었다고 나는 생각했다. 하지만 질문한 여성이 말하는 내용은 그것이 아니었다.

"아내분이 스스로 밥을 먹을 수 있나요?" 그녀가 물었다.

"아뇨……."

"그렇다면 그냥 밥을 먹여 주지 말지 그러세요? 예수님과 함께 있는 것이 아내분을 위해서도 더 좋지 않겠어요?" 나는 우리가 원래 토론하기로 되어 있는 책에서 다루는 안락사의 문제를 끄집어내려 했지만, 진행자는 꿈쩍도 하지 않았다. 그는 이 문제에 대해 강한 확신을 가진 그 여성 앞에 나를 무방비 상태로 내버려 두었다. 그 여성은 자기 가족의 누군가를 실제로 '먹여 주지 않았던' 것이다.

하지만 나는 결코 뮤리엘을 먹여 주는 일을 그만두지 않을 것이다. 글쎄, 그만둘 수도 있을까? 사실 내가 뮤리엘의 입 속에 넣어 주는 것을 뮤리엘이 더 이상 삼키지 못할 것 같은 날을 예견할수록 그 갈등은 매우 심해졌다. 음식이 바로 위장으로 가도록 해주는 '기구'를 삽입해야 할까? 간단한 시술이라고 담당 의사는 말했고, 때가 되면 그렇게 할 것을 권했다.

하지만 예수님께로 가는 것이 아내에게는 정말로 더 좋지 않을까? 그렇게 되면 나는 별로 좋지 않겠지만 말이다. 아내를 내 곁에 두고 싶어 하는 것은 이기적인 일일까? 오래전 우리는, 만약 둘 중 누가 더 이상 소생할 수 없는 단계로 접어들면, 공격적인 조치를 취하거나 생명유지 장치에 의존하게 하지 말 것을 서로 당부했었다. 하나님께서 우리를 본향으로 부르시는데 왜 죽음을 미룬단 말인가? "떠나서 그리스도와 함께 있는 것이 훨씬 더 좋은 일"(빌 1:23) 아닌가? 자신의 바람에 따라서 뮤리엘은 심장이나 다른 핵심 장기가 기능을 멈춰도 소생시키지 않게 되어 있는 환자였다. 하지만 위장에 삽입하는 기구는 이 공식의 어디쯤에 해당하는 문제일까?

나는 근처에 사는 친구에게 그 질문을 던져 보았다. 진은 비그리스도인 의과대학 교수였기 때문에, 하나님을 믿고 뮤리엘과 나를 사랑하는 친구인 우리 담당 의사와는 다른 관점을 갖고 있을지도 모른다고 생각했다. 하지만 진도 같은 말을 했다. "당연히 기구를 삽입해야지요." 나의 딜레마는 더 깊어졌다. 만약에 내가 옳다고 판단해서 정말로 아내를 '놓아준다' 하더라도, 내가 아는 의사들이 그렇게 하지 말라고 했으니 어떻게 나 자신을 용납할 수 있을까? 그리고 사실은 무엇이 '옳은 일'인지 나는 도무지 알 수가 없었다. 나는 자녀들에게도 이 결정에 참여해 달라고 했지만, 아무도 반응을 하지 않았다. 마침내 막내아들 켄트가 입을 열었다. "아빠, 저희가 무슨 말을 하겠어요? 일이 다 끝나고 결국 그 결과를 안고 사실 분은 아빠잖아요."

그러던 중에 국제적인 인지도가 있는 성경학자인 조카가 우리를 방문했다. 아주 드물게 만나는 사이기 때문에 우리는 가족들의 소식과 최근의 신학적 논쟁에 대한 이야기를 주고받느라 바빴다. 그런데 갑자기 조카 폴이 화제를 바꾸더니 이렇게 말했다. "숙부, 뮤리엘 숙모에게 그 장치를 삽입하지 마세요. 옳지 않은 일이에요. 밥과 한번 이야기를 해보세요." 폴의 형제인 밥은 소위 '국부 마취로 외래환자에게 5분 만에 하는 그 시술'을 많이 해본 외과 의사다. 그 정도로 간단한 시술이니 우리 부부가 오래전에 하지 않기로 결의한 '공격적인 조치'라고 할 수 없는 시술이었다. 내가 보낸 이메일에 밥은 곧바로 답장을 해주었다. "별거 아니에요. 뮤리엘 숙모가 더 이상 음식을 삼키지 못하시면 하는 게 좋아요."

하지만 그로부터 몇 주 후에 우리를 방문했을 때 밥의

생각이 달라져 있었다. 밥의 아내가 그러한 입장에 반대를 표했던 것이다. 밥의 아내 매리온은 뮤리엘을 무척 사랑했고, 내 생각에는 뮤리엘이 굳게 닫힌 천국의 문 앞에서 너무 오래 기다려 온 이 세월이 끝나기를 바랐던 것 같다. 그래서 밥은 동료 의사에게 물었다. "자네가 그러한 상황에 있다면 내가 어떻게 해주기를 바라겠나?"

그 시술을 일상적으로 하는 밥의 동료는 이렇게 대답했다. "내 안에다가는 절대로 그 장치를 삽입하지 말게." 그래서 밥은 흔들리기 시작했다.

그러니 내가 어떻게 확신할 수 있겠는가? 하지만 그 고통스런 선택은 내 몫이지, 의사나 신학자의 몫이 아니었다.

좋은 마무리

언제쯤 끝이 날까? 어떤 식으로 끝이 날까? 나도 모른다. 하지만 우리 두 사람 모두에게 "어두워지기 전에 집에 가리라"는 확신은 여전히 있다. 그 확신은 뮤리엘이 나와 함께 보낸 유일한 개인 리트릿에서 내가 적은 기도였다. 해마다 하나님과 함께하는 그 연례축제에 같이 가자고 나는 아내에게 종종 말했지만, 아내는 언제나 아이들이 아직 어리기 때문에 같이 갈 수 없다고 했다. 그러나 아이들이 자라서 집을 떠나자 아내는 진짜 이유를 털어놓을 수밖에 없었다. 그 이유는 두렵다는 것이었다. "사흘 동안이나 무슨 기도를 해요? 게다가 금식까지……. 나는 못 버틸 것 같아요." 하지만 그때는 그러한 걱정들을 누르고 나와 함께 갔다. 아내는 주님과 그리고 나와 함께 정말로 좋은 시간을 가졌다. 그 후로 아내가 사람들에게 지치지 않고 계속 했던 말이 있다. "하나님이 남편에게 그 기도를 주셨어요. 그냥 그렇게 받아 적은 거랍니다."

사람들은 내게 뮤리엘을 염두에 두고 그 기도를 적었냐고 종종 묻는다. 심지어 그러한 추측을 글로 쓴 사람도 있다! 하지만 어떻게 내가 그럴 수 있었겠는가? 때는 1981년 여름이었고, 알츠하이머병이 진행된 지 3년이 되던 해였지만, 그로부터 2년이 더 지나서야 우리는 그 사실을 알았다. 알츠하이머병은 우리에게 전혀 예상치 못한 일이었다. 하지만 내 마음 한구석에서는 어두운 그림자가 언뜻언뜻 비치기도 했고, 마지막 연을 쓸 때는 실제로 뮤리엘을 생각하면서 이렇게 말했다. "주님, '정신이 그 줄을 놓게 되는' 일이 일어난다면, 내 소중한 사람이 '어두운 공포'가 아니라 '밝은 환상'을 가지게 해주십시오."

어두워지기 전에 집에 가게 하소서

주님, 해가 지고 있습니다.

내 인생의 그림자가

오래전 지나온 희미한 과거 위로

길게 드리우고 있습니다.

죽음이 두렵지는 않습니다.

그 암울한 적이 결국에는 본색을 드러내고

나를 영원한 생명으로 밀어 넣을 것이기 때문입니다.

당신과 함께하는, 때 묻지 않은 그 자유로운 삶으로 말입니다.

그러나 내가 두려운 것은,

그 어둠의 망령이 너무 빨리 오는 것입니다.

아니, 너무 늦게 오는 것일까요?

내가 마치기도 전에 끝이 나거나

마치긴 했는데, 잘 마치지 못하는 것입니다.

그러면 당신의 명예를 더럽히게 되고,

당신의 이름에 먹칠을 하게 되고,

당신의 가슴을 슬프게 할 것입니다.

잘 마치는 사람은 드물다고, 사람들은 말합니다.

주님, 어두워지기 전에 집에 가게 하소서.

영혼이 어두워져

고약하고 초라해지며,

포도나무에 달린 열매는 쪼글쪼글해져

내 친구들의 입맛을 쓰게 하고,

그래도 나를 사랑하는 용감한 몇몇 사람들에게 짐이 되는 것.

오 주님, 그래서는 안 됩니다.

풍성하고 달콤한 열매가 달리게 해주셔서

맛보는 모든 이가 기뻐하게 해주십시오.

하나님이 일하신다는 성령의 증거가

마지막에 더 강해지고, 충만해지고, 밝아지게 해주십시오.

주님, 어두워지기 전에 집에 가게 하소서.

누더기가 된 선물의 암울함,

녹이 슬고, 다 쓰지도 못한 혹은 제대로 쓰지 못한,

한때는 하나님이 쓰셨으나 지금은 제쳐 놓으신 인생.

사라진 영광에 대한 슬픔일까요, 아니면

하나님이 결코 주시지 않은 과업에 대한 조바심일까요.

추억의 텅 빈 방에서 애도하며,

이제는 빛바랜 옛날 옛적의 승리의 깃발을 응시합니다.

제가 마지막까지 잘 달릴 수는 없을까요?

주님, 어두워지기 전에 집에 가게 하소서.

내 겉모습은 쇠잔합니다.

그 때문에 안달하거나 속도를 늦춰 달라고 구하지 않습니다.

썰물처럼 빠지는 힘은 대지의 젖을 떼고

하늘을 향해 성장하게 합니다.

불멸성이 드리우는 그림자를 나는 붙잡지 않습니다.

참된 나, 영원한 나를 짓기 위해 빌려온 이 구조물을 고치지 않습니다.

내 보호막을 단단히 붙잡으려 하지 않습니다.

태어나려고 안간힘을 쓰는 자유로운 영혼을

헛되이 인질로 삼지 않습니다.

하지만 그 문에 이르를 무렵

내 몸은 통증에 시달리고 흉하게 일그러져 있을까요?

아니면 몸이 아니라 정신이

그 줄을 놓고 밝은 환상 사이를 혹은

어두운 공포 사이를 떠돌아다닐까요?

아버지여, 당신의 은혜를 겸손하게 구합니다.

어두워지기 전에 집에 가게 하소서.

하나님은 내 기도에 응답해 주셨다. 한밤중에 뮤리엘이 조용히 킥킥대며 웃을 때, 혹은 아침에 아내의 눈이 계속 나를 따라다니다가 잠시 서로 눈이 마주칠 때 짓는 그 아름다운 미소는 우리의 어두움을 밝게 비춘다. 그럴 때 나는 이렇게 말한다. "주님, 감사합니다. '어두운 공포'가 아니라 '밝은 환상'이어서 감사합니다. 그리고 우리 둘 다 어두워지기 전에 집에 가게 되어서 감사합니다."

내 소중한 사람

20년 전에 뮤리엘과 나는 황혼으로의 여행을 시작했다. 지금은 한밤중이다. 적어도 아내에게는 그렇다. 가끔씩 나는 언제 새벽이 올까 궁금하다. 그 끔찍한 알츠하이머병도 원래는 그렇게 일찍 와서 그렇게 오래 고통을 주는 병이 아니다.

그러나 뮤리엘은 자신만의 고요한 세계에서 너무도 만족해 한다. 그 모습이 너무도 사랑스럽다. 나는 가끔 이렇게 기도한다. "주님, 조금만 더 아내와 함께 있으면 안 될까요?" 예수님이 아내를 본향집으로 데려가시면, 온유하고 사랑스런 아내가 무척 그리울 것이다. 물론 짜증이 나는 때도 있지만, 자주 있는 일은 아니다. 아내를 보내고 싶지 않다. 게다가 나는 아내를 돌보는 것이 참 좋다. 아내는 내 소중한 사람이다.

잘 마치는 사람은 드물다고, 사람들은 말합니다.
주님, 제가 마지막까지 잘 달릴 수는 없을까요?
아버지여, 당신의 은혜를 겸손히 구합니다.
어두워지기 전에 본향 집에 가게 하소서.

후기

2003년 10월, 나는 다음의 편지를 가족과 친구들에게 썼다.

9월 19일, 나는 편안하게 잠을 자지 못했습니다. 사실은 자고 싶지 않았습니다. 사랑하는 사람이 나를 떠나고 있다는 느낌이 들었기 때문입니다. 아내의 숨소리가 달라졌습니다. 더 얕고 그렁대는 울림이었지요. 마치 커피 내리는 기계가 내는 소리처럼…… 이상했습니다. 아침 일찍 일어나 하나님께 기도를 드리고, 수시로 뮤리엘의 상태를 확인하며 일기를 썼습니다. 8시에 면도를 하고 있는데, 아내의 숨소리가 또 달라졌습니다. '면도부터 끝내고 확인할까?' 하는 생각이 들었지만, 그래서는 안 된다는 것을 본능적으로 알았습니다. 나는 아내 곁으로 달려가서 아내를 끌어안았습니다. 아내는 한 번, 두 번, 무얼 삼키듯 껵껵 하더니 숨이 멎었습니다.

나는 훌쩍이며 지난 밤 우리 집에서 잠을 잔 큰딸 마르디에게 빨리 오라고 소리를 쳤고, 마르디는 곧바로 우리 곁으로 왔습니다. 그때 갑자기 뮤리엘이 아주 살짝 머리를 들더니 다시 한 번 껵껵 하고는 완전히 숨을 거두었습니다. 마르디는 "엄마가 나한테 작별 인사하러 다시 오셨던 건가 봐요"라고 말했습니다.

곧 나의 누이들이 모여들었고, 우리는 함께 울었습니다. 그리고 호스피스 간호사도 왔습니다. 간호사는 검시관을 불렀는데, 그 검시관은 알츠하이머병이 사망 원인이라고 말하는 간호사의 진단을 받아들이지 않았습니다. 아마도 타당한 표현은 아니겠지요. 사람은 알츠하이머병 자체로 죽는 것이 아니라 그에 따른 합병증으로 죽는다고 들었습니다. 그러나 간호사는 자기 주장을 굽히지 않았습니다. 다른 요인은 하나도 없었다고, 뮤리엘은 건강 상태가 매우 좋았다고 말입니다. "이런 일은 처음이에요" 하고 그녀는 말했습니다. 심지어 뮤리엘의 피부도 주름 하나 없이 아주 좋았다고 그녀는 지적했습니다. 물론 뮤리엘이 기아로 죽었다고 보고해도 된다고 나는 생각했습니다. 왜냐하면 마지막에 가서는 뮤리엘이 아무것도 삼키지 못했으니까요. 호스피스 사람들은 그렇게 죽는 것이 편안하게 죽는 것이라고 말해 주었습니다. 오래전부터 나는 아내가 편안하게 죽기를 기도했습니다. 25년을 앓았지만 편안하게, 10년을 누워서만 지냈지만 편안하게 죽도록 말입니다.

곧이어 수많은 위로가 잇따랐습니다. 친구들이 찾아오고, 전화가 오고, 꽃도 배달되고, 음식도 가져다주고, 이메일도 오고, 카드도 오고, 뮤리엘 맥퀼킨 장학기금에 전하는 추모 성금도 이어졌습니다. 나는 온통 사랑에 휩싸인 기분이었습니다. 그리고 9월 27일 장례예배에는 모든 자녀와 손자손녀들이 멀리에서부터 다 참석했습니다. 나에게도, 그들에게도, 위로가 있었습니다.

어떤 사람들은 그 장례예배가 자신이 참석한 가장 영광스런 예배였다고 말했습니다. 그러나 대부분의 사람들은 가장 특이했다고 생각할 것입니다. 어떤 사람들은 뮤리엘의 생활을 찍은 비디오가 하이라이트였다고 했고, 또 어떤 사람들은 자녀들의 회상이 가장 인상적이었다고 했습니다. 아마도 대부분의 사람들은 회중이 하나같이 웃는 장례식은 처음이었을 것입니다. 하지만 그렇게 유도한 것은 우리 딸 잰이었습니다. 지금 나는 대만에서 일주일간의 사역을 마치고 텅 빈 집으로 돌아가는 비행기 안에서 이 글을 쓰고 있습니다. 뮤리엘과 주고받은 옛날 편지들을 이제 막 읽었습니다. 딸 마르디가 오래전부터 모아 놓은 편지들이지요. 뮤리엘의 편지 중 하나를 보니, 뮤리엘이 수십 년 전에 그리스도께로 인도한 어느 젊은 여성이 뮤리엘에게는 '웃음 전도'의 은사가 있다고 말했다는 글이 적혀 있었습니다. 뮤리엘의 즐거운 영혼이 이 여성에게 감화를 주었던 것입니다. 우리는 그 은사를 아내의 장례예배에서 축하한 것이었습니다.

그러나 지역 텔레비전 방송에서는 웃음에 대해 언급하

지 않고, 우리 딸 에이미의 말만 인용했습니다. 에이미는 쇼테스(Shortess) 예배당으로 들어가면서 안내문을 보고서야 자신이 방송을 탔다는 사실을 알았지요! 엄마를 회상하면서 에이미는 판지로 속을 채운 만우절 팬케이크에 대한 이야기를 했습니다. 아마도 텔레비전 방송국 리포터는 그 이야기가 뮤리엘의 인생을 한마디로 말해 준다고 생각했던 것 같습니다!

사람들은 이제 묻습니다. "어떻게 지내세요?" 내가 어떻게 지내야 하는지에 대해서는 두 가지의 관점이 있는 것 같습니다. 뮤리엘이 죽은 다음 날, 한 친구가 나를 반기며 말했습니다. "이보게, 형제, 즐거워할 일 아닌가?" 꼭 그렇지는 않았습니다. 그날 오후에 우리와 친한 아프리카계 미국인 친구 메리가 전화를 했습니다. 메리는 그냥 울기만 했습니다. "아이고, 어떡해요, 어떡해, 정말 안됐어요." 그게 다였지요. 메리의 눈물은 내 슬픔을 누그러뜨려 주었습니다. 그렇다면 나는 내가 잃은 것 때문에 슬퍼해야 할까요, 아니면 뮤리엘이 얻은 것 때문에 기뻐해야 할까요?

내 내면의 상태에 대해서 어떻게 하면 정직하게 대답을 할 수 있을지 고민하며 일주일을 보냈습니다. 그것은 나 자신에게도 대답할 수 없는 질문이었습니다. 답을 찾으려고 애를 썼지만, 자기 안을 파고드는 일에 별 재주가 없는 사람이 나이기도 합니다. 게다가 나의 감정은 수시로 변했습니다. 어떤 감정에 뭐라고 이름을 붙이기도 전에, 또 다른 감정이 올라왔습니다. 그렇게 일주일을 보낸 후에, 일본에서 와서 아직 우리 집에 머물고 있던 딸 에이미에게 이 질문에 어떻게 대답해야겠냐고 물었습니다. 우리를 생각해 주는 소중한 친구들인데, 그들에게 답을 해주는 것이 도리라고 생각했기 때문입니다. 딸은 이렇게 말했습니다. "그냥 애도하는 중이라고 말씀하시지 그러세요?"

반짝 하고 불이 켜지는 것 같았습니다. 그렇구나! '어떻게 지내느냐고요? 슬픔과 감사를 다 느끼고 있습니다.'

슬픔은 이렇습니다. 55년 동안 아내는 내 살 중의 살이요 뼈 중의 뼈였습니다. 따라서 아내의 죽음은 마치 내 살을 떼어 내는 것 같았고, 더 깊게는 내 뼈를 뜯어내는 것 같았습니다. 어떤 사람들은 내가 짐을 덜게 되어 후련할 것이라고 생각합니다. 사실 10년 동안이나 아예 거동도 못하는 환자를 돌본 것이니까요. 하지만 그렇지 않습니다.

내가 모르는 어떤 여성이 나를 위로하는 편지를 보내왔는데, 환자를 돌본 자신의 경험을 이야기하면서 자신에게서도 같은 반응이 일어나는 것을 보고 놀랐다고 했습니다. "그것은 자신에게 전적으로 의존하는 사람과의 유대입니다. 그러한 유대는 사랑을 더 깊은 단계로 이끌어 주지요. 그래서 사별의 고통이 덜한 것이 아니라 더한 것입니다." 실제로 그렇습니다.

그러나 깊은 감사도 있습니다.

10년 동안 나는 행복한 추억을 회상하며 즐거워했습니다. 지금도 그렇습니다. 후회는 없습니다. 감사한 일입니다.

'어두워지기 전에 집에 가게 하소서'라는 내 기도를 기억하십니까? 1981년에 플로리다의 어느 호텔방에서 쓴 기도문입니다. 알츠하이머병이 진행된 지 3년이 되던 해이지요. 그중에서 뮤리엘을 의식하며 쓴 부분은 단 한 줄입니다. "그 문에 이르를 무렵……정신이 그 줄을 놓고 밝은 환상 사이를 혹은 어두운 공포 사이를 떠돌아다닐까요?" 나는 그때 쓰기를 잠시 멈추고 기도를 드렸습니다. "주님, 내 사랑하는 사람을 위해서는 어두운 공포가 아니라 밝은 환상이 되게 해주십시오." 하나님께서 얼마나 풍성하게 그 기도에 응답해 주셨는지 모릅니다. 감사한 일입니다.

이제 아내는 길고 어두운 터널을 벗어나 구주의 빛 가운데로 들어갔습니다. 드디어 집에 간 것입니다. 우리 아들 켄트가 말한 것처럼, "회복이 아니라, 더할 나위 없이 좋은 상태지요!" 정말 감사한 일입니다.

알츠하이머병에 걸린 후 뮤리엘이 한번은 이렇게 말했습니다. "여보, 천국에서는 결혼을 하지 않는다는 것을 나도 알아요. 하지만 제일 좋은 친구로 남아 있겠다고 약속해 줘요." 여보, 약속하오.

딱히 기도는 아니지만, 하나님께 소원을 말한 적이 있습니다. "아버지, 아내가 이 세상을 떠날 때 그 자리에 함께 있을 수 있다면 참 좋겠습니다." 하나님은 그런 소원도 들으십니다! 아내는 내 품에 안겨서 떠났습니다. 감사한 일입니다.

오랫동안 내가 아내보다 더 오래 살기를 기도했습니다. 아내가 죽고 며칠 후에 나는 연례 신체검사를 받았습니다. 검사 도중에 의사가 갑자기 운동기구를 멈추었습니다. 그는 동료 의사들의 의견을 구했습니다. 내 심장 상태 때문에 모두 걱정을 하는 것이 분명했습니다. 그들이 내 심장과 의사와 상의하는 동안, 진단 결과가 나오기까지 두 시간을 기다렸지요. 나는 이렇게 말했습니다. "주님, 뮤리엘보다는 오래 살게 해달라고 기도한 제 기도를 들어주셔서 감사합니다. 하지만 솔직히, '일주일' 더 살게 해달라고 한 건 아니었습니다!" 의사를 기다리는 그 시간 동안 나는 생각했습니다. '내 평생의 일이 이제 끝날 수도 있구나.' 그래도 괜찮다고 나는 생각했습니다. 그리고 결과가 나왔습니다. 걱정하지 않아도 된다는 것이었습니다. 내 건강 상태는 양호했습니다. 내가 살아서 마지막까지 아내를 돌볼 수 있었던 것도 감사한 일입니다.

그렇다면 죽음 이후에도 인생이 있을까요? 그러니까, 뮤리엘이 죽은 이후에도 내게 인생이 있을까요? 그런 것 같습니다. 남은 인생 동안 예수님이 함께 해주실 것이고, 또한 여러분도 있으니까요. 이러한 때에 여러분이 있어서 얼마나 고마운지 모르겠습니다. 감사합니다. 물론 예수님께 감사하지만, 여러분에게도 감사합니다.

슬퍼하고 또한 감사하는

로버트슨 드림

나는 이렇게 친구와 가족들에게 편지를 썼다. 사실 뮤리엘의 인생에서 마지막 장은 아니고, 아내는 이제 진짜 인생을 시작한 것이다. 우리는 그것을 축하한다!

옮긴이의 글

"아플 때나 건강할 때나, 기쁠 때나 슬플 때나, 부유할 때나 가난할 때나, 죽음이 우리를 갈라놓을 때까지……." 이렇게 한 번 서약한 사랑은 어떠한 조건 아래에서도 나누임 없이 이 세상에서 생명이 다하는 날까지 가야 한다고 결혼 서약은 말한다. 맨 정신으로 하기 힘든 서약이다. 그래서 다들 결혼은 눈에 콩깍지가 씌어야 한다고들 하나 보다.

나도 16년 전에 이런 결혼 서약을 했다. 그리고 나름 그 서약에 충실하려고 노력했다. 결혼 서약은 단순히 이혼하지 않는 차원이 아니라, 더 적극적으로 서로 사랑할 것을 요구한다. 서류에 도장만 찍지 않았을 뿐, 이미 몸과 마음은 서로 이혼한 상태로 사는 부부들이 많다. 한집에 산다 해도 그것은 이미 서로 '갈라진' 상태이기 때문에 충실하게 서약을 지킨 것이라고 할 수 없다.

이 책의 저자는 활기 넘치는 아내와 바쁘게 살며 즐겁게 사역했을 때도, 아내가 병들어 끊임없이 자신의 돌봄을 요구하며 기억력을 잃어 가고 몸을 움직이지 못하게 되었을 때도, 한결같이 아내를 사랑했다. 그의 사랑은 대상의 상태가 아니라 대상 자체를 향한다. 이런 것을 조건 없는 사랑이라고 하던가.

그의 사랑은 많은 부분, 기억에 의존하기도 했다. 아내와 함께했던 시간에 대한 자잘한 기억들, 그리고 그가 기억하고 있는 아내의 모습들이 지금의 아내를 더 애틋하게 여기게 만들었다. 그러나 기억 속에만 머무는 사랑이 아니라, 실수한 아내의 뒤처리를 해주는 사랑, 떨어져 있으면 불안해하는 아내 곁에 있기 위해 자기 일을 포기하는 사랑, 자신이 아끼는 꽃을 꺾어 버려도 참아 주는 사랑이기도 했다. 그의 사랑은 언제나 현재 진행형이었다. 그때의 당신도 사랑했지만, 지금의 당신도 사랑한다. 당신은 언제나 당신이기 때문이다.

이 책에서 사랑이라는 말이 넘쳐나도 진부하게 들리지

않는 이유는, 저자의 삶이 진정성을 보여주기 때문일 것이다. '치매에 걸린 아내를 25년간 돌보았다'는 표현은 오히려 너무 영웅적으로 들린다. 저자가 담담하게 들려주는 이 사랑 이야기는, 밥 먹듯이 아주 자연스럽다. 한 번에 죽는 것보다 날마다 조금씩 죽어 가는 게 더 힘들다. 젊은이의 격정적 사랑으로는 이렇게 긴 세월을 살아 내기 힘들 것이다. 이 부부의 사랑에 경의를 표하며, 나는 이들의 사랑을 노부부의 숙련된 사랑이라 부르고 싶다.

쉽게 쓴 듯하면서도 상황 하나하나가 상징성이 강해서 번역하는 내내 긴장을 늦출 수가 없었다. 모쪼록 저자의 그 애틋한 마음이 한국어로 이 책을 읽는 독자들에게도 잘 전달되었으면 좋겠다.

양혜원